Questions ultimes

Thomas De Koninck

Questions ultimes

Les Presses de l'Université d'Ottawa
2012

uOttawa

Les Presses de l'Université d'Ottawa reconnaissent avec gratitude l'appui accordé à leur programme d'édition par le ministère du Patrimoine canadien en vertu de son programme d'aide au développement de l'industrie de l'édition, le Conseil des Arts du Canada, la Fédération canadienne des sciences humaines en vertu de son Programme d'aide à l'édition savante, le Conseil de recherches en sciences humaines du Canada et l'Université d'Ottawa.

CATALOGAGE AVANT PUBLICATION DE BIBLIOTHÈQUE ET ARCHIVES CANADA

De Koninck, Thomas
Questions ultimes / Thomas De Koninck.

(Philosophica, 1480-4670)
Comprend des réf. bibliogr.
ISBN 978-2-7603-0773-5

1. Vie–Philosophie. I. Titre.
II. Collection: Collection Philosophica

BD431.D435 2011 128 C2011-907982-8

À Christine toujours

I

Archéologie de la notion de dignité humaine

« “Noblesse, dignité, grandeur…” ces termes, j’ai crainte et presque honte à m’en servir, tant on abusa d’eux sans vergogne. Extorqués comme ils sont aujourd’hui, on dirait presque des mots obscènes ; comme, du reste, tous les mots nobles : à commencer par le mot *vertu*. Mais ce ne sont pas les mots seuls qui se sont avilis, c’est aussi ce qu’ils veulent dire : la signification de ces mots a changé et leur dévalorisation ne fait que rendre flagrante la faillite générale de ce qui nous paraissait sacré : de ce qui nous invitait à vivre, de ce qui nous sauvait du désespoir ». Ainsi parlait André Gide il y a cinquante ans passés, marquant la différence essentielle entre deux acceptions contraires du mot « dignité » : « Il est quantité de gens qui, dès l’éveil, se mettent au “garde-à-vous” et cherchent à remplir leur personnage. Même seuls, ils se campent. Il va sans dire que ce n'est pas de cette dignité que je veux parler; mais bien d'une sorte de respect de soi-même et d'autrui, qui n'a pas à se marquer au dehors[1] ».

Dans l'inflation évidente du mot « dignité » aujourd'hui, on redécouvre cette même ambiguïté centrale. Que veut dire « mourir dans la dignité », par exemple? S'agit-il d'une mort où l'on « remplit son personnage », qui aurait à « se marquer au dehors »? Et sinon, de quoi au

1. André Gide, *Ainsi soit-il ou Les jeux sont faits*, Paris, Gallimard, 1952; texte revu et augmenté, coll. « L'imaginaire », 2001, respectivement p. 96-97 et p. 115. Le mot latin *dignus* renvoie à *decet*, « il convient », auquel se rattachent deux substantifs : *decus*, *decor*. *Decus* signifie « bienséance, décence, dignité »; d'où « honneur » et « beauté », la beauté physique s'accompagnant de la dignité morale. Mais ce dernier sens est plutôt réservé à *decor*. Isidore de Séville précise que « *decus* fait référence à l'âme [ou l'esprit], *decor* à la forme du corps ». À rapprocher de *honos*, qui sera remplacé par *honor*, honneur décerné à quelqu'un, Dieu, homme, voire un mort (le sentiment de l'honneur se disant plutôt *honestum*). *Honos* traduit le grec *doxa*, « opinion, réputation, gloire ». Cf. A. Ernout et A. Meillet, *Dictionnaire étymologique de la langue latine*, 4e édition, Paris, Klincksieck, 1959 (*s. v. decet* et *honos*).

juste ? Dans les termes cette fois de Gabriel Marcel : « Ne risquons-nous pas en effet communément de nous laisser tromper par ce que j'appellerai volontiers une conception décorative de la dignité, celle-ci étant plus ou moins confondue avec l'apparat dont s'entoure volontiers la puissance[2] ? »

Le préambule de la *Déclaration universelle des droits de l'homme* de 1948 s'ouvre sur la constatation que « la reconnaissance de la dignité inhérente à tous les membres de la famille humaine et de leurs droits égaux et inaliénables constitue le fondement de la liberté, de la justice et de la paix dans le monde ». Le cinquième « Considérant » ayant proclamé à neuf la foi des peuples des Nations Unies « dans les droits fondamentaux de l'homme, dans la dignité et la valeur de la personne humaine, dans l'égalité des hommes et des femmes », l'article premier précise que « tous les êtres humains naissent libres et égaux en dignité et en droits. Ils sont doués de raison et de conscience et doivent agir les uns envers les autres dans un esprit de fraternité[3] ». Ici encore, comment entendre la notion

---

2. Gabriel Marcel, *La dignité humaine*, Paris, Aubier, 1964, p. 168.

3. Cf. *Déclaration universelle des droits de l'homme*, Bruxelles, Amnesty International Belgique francophone, coll. « Folio », 1988, p. 18 et 26.

de dignité placée au centre de ce texte fondamental, et d'où provient pareille unanimité à son sujet entre les nations, par-delà toutes leurs divergences ?

Il saute aux yeux que l'horreur innommable du nazisme aura contribué de manière essentielle à l'adoption de cette Déclaration universelle après la guerre de 1939-1945. Mais l'unanimité obtenue a des racines plus profondes. Nous verrons combien il est faux que la notion de dignité humaine ait surgi tout uniment des Lumières, ou qu'elle soit un pur produit de l'Occident, comme on l'entend dire parfois.

1 – Une exigence antérieure à toute formulation philosophique

À vrai dire, dans toutes les cultures, à toute époque, un fragment de tragédie, un épigramme, un texte législatif, un proverbe, une inscription funéraire, un conte, une chanson, une œuvre d'art, une œuvre de sagesse, auront témoigné « d'une exigence plus vieille que toute formulation philosophique », qui a toujours été que « quelque chose est dû à l'être humain du seul fait qu'il est humain[4] ». La reconnaissance de

4. Paul Ricœur, « Pour l'être humain du seul fait qu'il est humain », dans Jean-François de Raymond (dir.), *Les enjeux des droits de l'homme*, Paris, Larousse, 1988, p. 236-237.

cette exigence se précise à mesure que s'affirment les civilisations, la plus remarquable étant celle qu'on y accorde d'emblée aux plus faibles et aux plus démunis, la place centrale de la mansuétude et du respect à l'égard des pauvres. En Inde, les lois de Manu, d'origine ancienne, déclarent sans ambages : « Les enfants, les vieillards, les pauvres et les malades doivent être considérés comme les seigneurs de l'atmosphère. » La sagesse chinoise met au premier rang la « capacité de conforter les autres » : le *ren* (ou *jen*) fait valoir que l'on ne « devient humain que dans sa relation à autrui » et que « c'est le lien moral qui est premier en ce qu'il est fondateur et constitutif de la nature de tout être humain[5] ».

Cf. Jeanne Hersch (dir.), *Le Droit d'être un Homme. Anthologie mondiale de la liberté*, Recueil de textes, Paris, Unesco et Robert Laffont, 1968; réédition, Paris, J. C. Lattès et Unesco, 1984 et 1990, où sont rassemblés plus de mille fragments de tous les continents, en provenance des cultures les plus diverses et de tous les temps, du IIIe millénaire avant notre ère jusqu'en 1948, date de l'adoption, par l'Assemblée générale des Nations Unies, de la *Déclaration universelle des droits de l'homme*.

5. Anne Cheng, *Histoire de la pensée chinoise*, Paris, Seuil, 1997, p. 68 sq. Selon Marcel Granet, toute la doctrine confucéenne de « la vertu suprême », le *ren* (ou *jen*), se

Le respect des pauvres dans tous les sens du terme, de ceux qui souffrent, est au cœur des traditions juive et chrétienne. Le Coran fait état des devoirs envers les orphelins, les pauvres, les voyageurs sans logis, les nécessiteux, ceux qui sont réduits à l'esclavage[6]. La compassion est un des deux idéaux principaux du bouddhisme[7].

---

définit comme « un sentiment actif de la *dignité humaine* », fondé sur le respect de soi et le respect d'autrui – dont elle fait au reste dériver la règle d'or; cf. *La pensée chinoise*, Paris, Albin Michel, 1968, p. 395-398. Voir Confucius, *Entretiens* (trad. Anne Cheng, Paris, Seuil, coll. « Points Sagesse », 1981), XII, 22; cf. VI, 23; IV, 15. Pour les lois de Manu et d'autres textes parallèles de différentes traditions, cf. C. S. Lewis, *L'abolition de l'homme*, trad. Irène Fernandez, Paris, Critérion, 1986, p. 179-201.

6. Cf. *I Rois* 21 ; *Isaïe*, 58, 6-10 ; *Deutéronome* 15, 1-15; 24, 10-15; 26, 12; *Proverbes* 14, 21; 17, 5; 22, 22-23; 23, 10-11; *Matthieu* 5, 3-12; *Luc* 6, 20-26; 10, 29-37; *Marc* 12, 41-44; *Luc* 16, 19-25; *Matthieu* 25, 31-46; et Azim Nanji, « Islamic Ethics », dans Peter Singer (ed.), *A Companion to Ethics*, Oxford, Basil Blackwell, 1991, p. 108 sq.
7. Sur la sagesse et la compassion dans le bouddhisme, voir R. E. Florida, dans « Buddhist Approaches to Abortion », dans *Asian Philosophy*, vol. 1, n° 1, 1991, p. 39-50.

Partout on semble pressentir que c'est dans le dénuement que l'humain se révèle le plus clairement et impose aux consciences sa noblesse propre – celle de son être, non de quelque avoir. Chez les anciens Grecs, la parole du vieil Œdipe, aveugle et en haillons, pratiquement abandonné, l'exprime on ne peut mieux : « C'est donc quand je ne suis plus rien, que je deviens vraiment un homme[8] ».

Plus étonnant, si c'est possible, est le respect des morts, illustré dès la nuit des temps par les premiers humains, dont le geste caractéristique est la sépulture offerte à leurs morts[9].

Pourquoi est-on ému aujourd'hui encore, jusqu'à l'approbation, devant la décision de la jeune Antigone (dans la grande tragédie de Sophocle qui porte son nom) de refuser, au péril de sa propre vie, de laisser là « sans larmes ni sépulture », pâture des oiseaux ou des chiens, le corps de son frère Polynice, pourtant dénoncé comme traître, et de défendre son droit à la sépulture, son appartenance à une commune humanité, au nom de « lois

---

8. Sophocle, *Œdipe à Colone*, texte établi par Alphonse Dain et traduit par Paul Mazon, Paris, Les Belles Lettres, 1960, v. 393.
9. Loren Eiseley, *The Firmament of Time*, New York, Atheneum, 1962, p. 112-113.

non écrites, inébranlables, des dieux » ? Le mort à l'état de cadavre n'étant plus, et entièrement à la merci des forces naturelles, les vivants ont à son endroit un devoir sacré : celui de faire en sorte que, tout cadavre qu'il soit, il demeure membre de la communauté humaine. Le symbole du rite de la sépulture le rend à nouveau présent[10].

Le jugement d'Antigone est d'ordre éthique, car il a la forme d'un engagement. Dire, en pareil cas, ceci est un être humain, est un jugement moral, car justement il engage. Je déclare, dit-elle, que le cadavre de mon frère mérite tous les honneurs dus à un être humain et c'est mon devoir – puisque je suis sa sœur et que nos parents ne sont plus – d'agir en conséquence, même au prix de ma vie. L'écho universel que suscite cet engagement d'Antigone implique que même le cadavre, les restes

10. Sophocle, *Antigone*, texte établi par Alphonse Dain et traduit par Paul Mazon, Paris, Les Belles Lettres, 1955 ; cf. en particulier v. 26-30 (cf. 203-206) ; v. 453-457 ; v. 71-74 ; cf. v. 909-914 ; et v. 924 : « ma piété m'a valu le renom d'une impie » (cf. v. 942-943). On retrouve la même préoccupation pour ces lois gravées au fond de la conscience dans *Ajax* (cf. 1129 sq. et 1343 sq.), *Œdipe Roi* (863 sq.), *Électre* (1090 sq.).

sous quelque forme que ce soit, d'une personne, fût-elle condamnée, ont droit à des rites sacrés, qui le restituent à cette communauté humaine à laquelle il appartient en droit. Or, si cela est juste s'agissant des morts, si même les restes d'un homme jugé criminel comme Polynice méritent pareil respect, que penser d'un corps humain vivant, si démuni ou vulnérable qu'il puisse être ?

Emmanuel Lévinas a attiré aujourd'hui à nouveau l'attention sur le fait que le visage humain, nu et vulnérable, essentiellement pauvre, n'impose pas moins le respect. L'accès au visage est d'emblée éthique. Un assassin ne peut regarder sa victime dans les yeux, comme s'il pressentait la présence de quelque chose de sacré[11]. Mais Antigone va d'emblée au plus profond, puisque son frère n'avait plus même de visage – comme chez Isaïe (52, 14), « son apparence n'était plus celle d'un homme[12] ». Ce qu'Antigone fait voir

11. Cf. Emmanuel Lévinas, *Totalité et infini*, La Haye, Martinus Nijhoff, 1971 ; *Humanisme de l'autre homme*, Paris, Fata Morgana, 1972 ; les exposés spécialement clairs de *Éthique et infini*, Paris, Fayard, 1982, p. 89-132.

12. Dominique Folscheid fait observer que l'embryon humain, qu'il ne craint pas d'appeler néanmoins « notre plus-

si clairement c'est que, quelle que soit notre condition, nous partageons tous une même humanité, et donc une même dignité.

Il est paradoxal que la dignité humaine apparaisse le plus clairement dans l'épreuve, voire le malheur, comme le manifeste ainsi la poésie tragique de Sophocle. « Ce qui peut rester, dans cette sombre perspective sophocléenne, de consolation pour l'homme, nous le retrouverons dans le sentiment de la *grandeur* », écrivait à ce propos Festugière. « Car le malheur, ajoutait-il, quand il a dépassé toute borne, nous donne le sentiment du sacré. Il semble que les dieux, quand ils ont totalement écrasé l'homme, et qu'ils le voient porter sa dignité dans l'infortune, soient pris d'une sorte d'admiration. Alors cet aveugle, ce mendiant, leur devient cher, et ils finissent par le glorifier. (...) Ce qui est sûr, c'est que les Grecs ont toujours attaché la gloire à la grandeur morale, à

---

que-prochain », n'a pas non plus de visage : cf. « L'embryon, ou notre plus-que-prochain », dans *Éthique*, n° 4, 1992, p. 20-43, spécialement 25. Voir en outre le volume *Philosophie, éthique et droit de la médecine*, sous la direction de Dominique Folscheid, Brigitte Feuillet-Le Mintier et Jean-François Mattei, Paris, Presses Universitaires de France, 1997, p. 195-208.

la pratique de ce qu'ils nomment *arêtê*, ce qui est essentiellement la force dans le malheur[13] ». George Steiner va tout à fait dans le même sens : « Pourtant, de l'excès même de ses souffrances naît le droit de l'homme à la dignité. Impuissant et brisé, devenu un mendiant aveugle chassé de la cité, il se revêt d'une grandeur nouvelle. (...) Il n'en devient pas pour autant un innocent mais il est sanctifié comme s'il avait passé par les flammes. C'est pourquoi il y a dans le dénouement de la grande tragédie, qu'elle soit grecque, shakespearienne ou classique, un mélange de douleur et de joie, de lamentation sur la chute de l'homme et d'allégresse pour la résurrection de son âme. Aucune autre forme poétique ne produit cet effet mystérieux, qui fait d'*Œdipe*, du *Roi Lear* et de *Phèdre* les créations jusqu'à ce jour les plus nobles de l'esprit. »

De même, pour Schopenhauer, « le plaisir que nous prenons à la tragédie se rattache non pas au sentiment du beau, mais au sentiment du sublime, dont il est même le sentiment le plus élevé. (...) Chaque tragédie réclame une existence tout autre, un monde différent, dont nous ne pouvons

13. A. J. Festugière, *De l'essence de la tragédie grecque*, Paris, Aubier-Montaigne, 1969, p. 22-23.

jamais acquérir qu'une connaissance indirecte, par ce sentiment même qui est provoqué en nous[14] ».

Ainsi est-ce dans la *finitude* même de l'être humain qu'apparaît d'abord la dignité humaine – comme si, dès l'Antiquité, la représentation par l'art de la souffrance, de la maladie et de la mort, nous éveillait davantage à la grandeur humaine. Nous rencontrons, dans les exemples évoqués, une constante surprenante : la dignité humaine est d'abord associée à l'être humain désarmé, faible, tel le vieil Œdipe reconnaissant « devenir vraiment un homme » quand il n'est plus rien. Mais la question est alors de savoir d'où vient la dignité ainsi reconnue au pauvre ou à l'infirme, au malade et au mourant, à celle ou celui qui n'a rien, voire, diront certains, qui n'*est* rien ?

2 – Fondements théoriques

Cela dit, les textes ne manquent pas qui démontrent avec quelle unanimité

14. George Steiner, *La mort de la tragédie*, trad. Rose Celli, Paris, Gallimard, coll. « Folio », 1993, p. 16-18 ; Arthur Schopenhauer, *Le Monde comme volonté et représentation*, Supplément au livre troisième, chapitre XXXVII, trad. A. Burdeau revue et corrigée par Richard Roos, Paris, Presses Universitaires de France, 1966, p. 1171.

la dignité humaine a été célébrée dès l'Antiquité, en Orient comme en Occident, sur le plan théorique également. En voici quatre exemples : « Il est bien des merveilles en ce monde, il n'en est pas de plus grande que l'homme (...). Parole, pensée vite comme le vent, aspirations d'où naissent les cités, tout cela, il se l'est enseigné à lui-même (…). Mais, ainsi maître d'un savoir dont les ingénieuses ressources dépassent toute espérance, il peut prendre ensuite la route du mal tout comme du bien (…) » (Sophocle, *Antigone*, 332-333 ; 353-355 ; 364-366) ; « À voir les cieux, ouvrage de tes doigts, la lune et les étoiles que tu créas, qu'est-ce que l'homme, pour que tu penses à lui, un fils d'homme, que tu en prennes souci ! Tu l'as voulu un peu moindre qu'un dieu, le couronnant de gloire et d'honneur » (*Psaume* 8, 4-6) ; « Il n'est rien de plus excellent que l'homme » (*Mahabharata*, 12.288.20d) ; « Quand on le considère, combien supérieur est le corps de l'homme à celui des autres créatures, et combien semblable au Ciel ! (...) Seul l'homme se tient debout, regarde droit devant lui (...). La connaissance pénétrante de son esprit ressemble à l'intelligence spirituelle [du Ciel] » (*Tch'ouen-ts'ieou Fan-lou*, ch. 56).

La vigueur de ces énoncés étonne, tant on les a enfouis sous les gloses. Pour peu qu'on y cherche les raisons avancées, on découvre vite que cette dignité particulière est constamment associée à l'intelligence, comme on vient de l'entrevoir. L'affirmation de Pascal selon laquelle toute notre dignité consiste en la pensée, est en accord entier avec celles des plus grands poètes, philosophes, voire des mystiques depuis les débuts. Ainsi Euripide : « L'intellect est Dieu en chacun de nous. » Dès l'*Alcibiade* attribué à Platon, le « Connais-toi toi-même » révèle que « l'homme, c'est son âme » (130 b-c), dont la partie la plus excellente est « celle à laquelle se rapporte l'acte de connaître (*eidenai*) et de penser juste (*phronein*) » (133 b-c) ; ce qu'il y a de plus essentiel dans l'homme, c'est le *noûs,* « l'intellect » ; et la vertu est « ce qui convient à l'homme libre (*eleutheroprepes*) » (135 c). On lit dans la *République* qu'il n'est « rien dans l'âme de plus divin que cette partie où résident la connaissance et la pensée ». Aristote abonde dans le même sens : « Que pourrait-il y avoir de supérieur et à la science et à l'intellect sauf Dieu[15] ? » Aux yeux d'Aristote comme à ceux de

15. Cf., respectivement, Pascal, *Pensées,* Brunschvicg (désormais B) 365, Lafuma (désormais L) 756 ; B 346 et 347 ; L 200 et 759 ; Euripide, fragment 1018 (Nauck) ; Platon [ou Pseudo-Platon], *Premier*

Platon, le paradoxe de notre condition est évident du fait que ce qui nous définit le plus proprement en tant qu'humains soit en même temps ce qui est le « plus divin en nous », l'intelligence[16]. Pour Aristote, chacun de nous est même principalement sa faculté pensante[17]. Si seulement nous pouvions de nos yeux voir la pensée, « quelles inimaginables amours ! », écrit Platon dans *Phèdre.* Plotin considère l'intelligence « le plus beau des êtres ». Shakespeare y reviendra : l'intellect, ou la raison, sont « god-like ». Les maîtres chrétiens sont tout aussi admiratifs : *Intellectum vero valde ama* (Augustin). Mais l'énoncé entre tous le plus remarquable viendra de

---

Alcibiade, 133 c ; Aristote, *Éthique à Eudème,* trad. Vianney Décarie, VIII, 2, 1248 a 28-30.

16. Cf. Platon, *République,* IX, 589 e ; Aristote, *Éthique à Nicomaque,* X, 7, 1177 a 16. Cf. en outre Platon, *Théétète,* 176 b et *Timée,* 90 c ; Aristote, *De Partibus Animalium,* IV, 10, 686 a 28-29 ; *Eth. Nic.,* X, 7, *in toto* ; *De Anima,* I, 4, 408 b 25 ; III, 4, 429 a 15 ; 429 b 23 ; 430 a 18 ; 430 a 24 sq. ; *De Generatione Animalium,* II, 3, 737 a 9-10.

17. Cf. *Éthique à Nicomaque,* IX, 4, 1166 a 16-23 ; IX, 8, 1168 b 35 et 1169 a 2 ; X, 7, 178 a 2-7 ; *Protreptique,* fr. 6 (Ross) ; et quantité de textes parallèles cités par Jean Pépin, *Idées grecques sur l'homme et sur Dieu,* Paris, Les Belles Lettres, 1971, notamment p. 80-94.

saint Jean de la Croix : « Une seule pensée de l'homme est plus précieuse que tout l'univers : d'où vient que seul Dieu en est digne[18] ».

Au Moyen Âge, l'accent est mis davantage sur la liberté. Saint Bernard déclare sans ambages : « J'appelle dignité de l'homme le libre arbitre, qui lui vaut d'être non seulement placé au-dessus des autres créatures vivantes, mais encore d'avoir sur elles le droit de commander. J'appelle science le pouvoir qu'il a de discerner cette dignité éminente, pouvoir qui ne peut avoir son origine en lui-même. » Pour Thomas d'Aquin, la noblesse de l'être humain lui vient de ce qu'il est intelligent et au principe de ses actes, c'est-à-dire libre, en quoi il est à l'image de Dieu[19].

---

18. Cf. Platon, *Phèdre,* 250 d ; Plotin, *Ennéades,* III, 8, 11 ; Shakespeare, *Hamlet,* IV, iv, 36-39 ; cf. II, ii, 307-311 ; III, i, 160 ; saint Augustin, *Ep. 120 ad Consentium,* iii, 13 ; cf. *De Trinitate,* XV, ii, 2 ; et xxviii, 51 ; saint Jean de la Croix : « Un solo pensamiento del hombre vale más que todo el mundo ; por tanto sólo Dios es digno de él » (*Dichos de luz y amor,* 34 ; trad. P. Cyprien).
19. Cf. saint Bernard, *Traité de l'amour de Dieu,* chapitre II, dans *Œuvres mystiques,* trad. Albert Béguin, Paris, Seuil, p. 31-32. Quant à saint Thomas, voir le prologue de la

Le texte classique sans doute le plus connu relativement à la dignité humaine est de la Renaissance ; il s'agit du discours *Sur la dignité de l'homme* de Jean Pic de la Mirandole. Les traits magnifiques que Pic a su résumer, à la suite de quantité de prédécesseurs illustres et non moins éloquents que lui, ne lui ont pas donné plus qu'à eux l'illusion d'avoir cerné parfaitement ni l'homme ni sa dignité. On y retrouve ce qui était particulièrement net chez saint Grégoire de Nysse : l'image du Dieu

---

seconde partie de la Somme théologique (*Summa theologiae, Ia-IIae, Prologus*), et la discussion qu'en propose Otto Hermann Pesch, dans *Thomas d'Aquin. Grandeur et limites de la théologie médiévale*, trad. Joseph Hoffmann, Paris, Cerf, 1994, p. 489 sq. ; cf. également *Ia Pars*, q. 93. Pour plus de nuances et de références que nous ne pouvons apporter ici, et un bon exposé d'introduction, voir Servais Pinckaers, « La dignité de l'homme selon saint Thomas d'Aquin », dans *De dignitate hominis, Mélanges offerts à Carlos-Josaphat Pinto de Oliveira*, Freiburg, Universitätsverlag, 1987, p. 89-106. Sur le lieu commun qu'était la célébration de la dignité humaine du temps de saint Bernard et d'Yves de Chartres, en héritage des Pères de l'Église et de la sagesse antique, cf. Henri de Lubac, *Pic de la Mirandole*, Paris, Aubier-Montaigne, 1974, p. 147 sq.

infini qu'est l'homme n'est pas plus définissable en dernière analyse que ne l'est son modèle. Pour Pic, l'image humaine est « indistincte » – thème essentiel qui réapparaît à diverses reprises, sous des jours différents. Une des interprétations évidentes est l'indétermination extrême de notre être au départ de la vie, qui rend l'éducation et la culture si nécessaires à notre épanouissement, de même que l'acquisition des vertus. Nous ne sommes pas des insectes sociaux, mais bien plutôt, au départ, des ébauches au potentiel infini. Une autre interprétation rejoint le propos de Grégoire : « (...) la caractéristique de la divinité, c'est d'être insaisissable; cela aussi, l'image doit l'exprimer (...). Nous n'arrivons pas à définir la nature de notre dimension spirituelle[20] ». Plus l'enquête

20. Cf. Jean Pic de la Mirandole, *Œuvres philosophiques*, texte latin, traduction et notes par Olivier Boulnois et Giuseppe Tognon, suivis d'une étude sur « Humanisme et dignité de l'homme selon Pic de la Mirandole » par Olivier Boulnois, préface par Giuseppe Tognon, Paris, Presses Universitaires de France, coll. « Épiméthée », 1993; en particulier, dans l'étude d'Olivier Boulnois, p. 309 sq., et le texte et la traduction du *De Dignitate Hominis* de Pic, p. 4-7. Les lignes citées de Grégoire de Nysse sont tirées du traité *De la création de l'homme*, 11 (PG 44,

sur l'humain s'approfondit et s'enrichit, moins elle approche d'une fin. Il y a infinité et « indéfinité » au moins en ce sens; notre finitude si manifeste d'autre part ne fait qu'accroître le paradoxe et l'énigme de l'humain.

Pascal a su admirablement mettre en relief ce paradoxe, en particulier l'opposition entre les limites du corps humain et l'immensité de la pensée. « Mais, quand l'univers l'écraserait, l'homme serait encore plus noble que ce qui le tue, puisqu'il sait qu'il meurt, et l'avantage que l'univers a sur lui, l'univers n'en sait rien. Toute notre dignité consiste donc en la pensée. » « Par l'espace, l'univers me comprend et m'engloutit comme un point; par la pensée, je le comprends[21] ». Et la pensée comprend bien

---

155) ; voir Olivier Clément, *Sources. Les mystiques chrétiens des origines*, textes et commentaires, Paris, Stock, 1982, p. 71-84. Sur l'originalité de Pic eu égard à la génération précédente, Gianozzo Manetti et Marsile Ficin en particulier, voir Henri de Lubac, *Pic de la Mirandole*, p. 62 sq.; il en ressort que chez Pic également, la dignité suprême de l'être humain réside dans la liberté.

21. Pascal, *Pensées*, respectivement B 347; L 200; et B 348; L 113. Voltaire ne s'en demandera pas moins comment un animal de cinq pieds tel que l'homme puisse jamais prétendre à plus de grandeur que

plus encore que des milliards de galaxies, pourrait-on ajouter. Rien n'échappe totalement à la pensée, puisqu'elle peut atteindre même ce qui la dépasse, grâce au pouvoir de la négation. Son immensité ressort le plus nettement de la simultanéité en elle des opposés extrêmes que sont les contraires, de leur transparence immédiate l'un à l'autre, et par conséquent de tous leurs intermédiaires : je ne peux penser la maladie sans la santé, le mal sans le bien, la mort sans la vie, alors qu'*in rerum natura*, dans l'action, l'un exclut l'autre. Cette simultanéité actuelle des opposés dans la pensée est spécialement manifeste dans l'ironie, dans l'humour, dans toutes les formes de ce qu'on appelle avec raison « l'esprit ».

On voit mieux ainsi comment la liberté de la volonté s'enracine dans la pensée. Toute action, au sens le plus propre, a son contraire. Mais il est impossible de poser les deux actions contraires en même temps. Aussi *dois*-je choisir. C'est précisément parce qu'on sait que les contraires ne peuvent coexister simultanément en acte dans les choses qu'on délibère. Or choisir contraint à une comparaison actuelle. Afin de décider si je dois poser telle action ou

---

le soleil, ou coûter davantage au Créateur : voir *Remarques sur les pensées de M. Pascal*, LIX (LX), dans *Œuvres complètes*, Paris, J. Esneaux, 1822, tome 25, p. 293.

son contraire, voire agir ou ne pas agir, il est nécessaire que l'un et l'autre contraire soit considéré. L'agir humain tout entier obéit à cette opposition inéluctable entre la simple considération des opposés et l'action. Le soliloque de Hamlet tire son intensité de cette universalité ; sans la volonté, dans la seule considération, les projets de la plus haute volée « y viennent perdre leur nom même d'action[22] ».

Le dernier mot revient ici, du reste, à Shakespeare, dans un des passages les plus optimistes de toute la littérature : « What a piece of work is a man, how noble in reason, / how infinite in faculties, in form and moving, / how express and admirable in action, / how like an angel in apprehension, how like a god: / the beauty of the world; the paragon of animals... » (*Hamlet*, II, ii, 307-311). Et dans ces lignes : « Sure, he that made us with such large discourse, / Looking before and after, gave us not / That capability and godlike reason / To fust in us unused » (*Hamlet*, IV, iv, 3639). Et celles-ci encore : « We smothered / The most replenished sweet work of nature, / That from the prime creation e'er she framed[23] » (*Richard III*, IV, iii, 17-19).

22. *Hamlet*, III, i, 88.

23. Respectivement : « Quel chef d'œuvre que l'homme ! Comme il est noble dans sa raison, infini dans ses facultés, ses

3 – L'apport de la modernité

C'est Kant qui semble avoir le mieux défini le sens de la dignité humaine à l'époque moderne. Elle ne signifie rien de moins que ceci : l'être humain est infiniment au-dessus de tout prix. Les *Fondements de la métaphysique des mœurs* articulent parfaitement cette distinction fondamentale entre dignité et prix : « Dans le règne des fins, tout a un PRIX ou une DIGNITÉ. Ce qui a un prix peut être aussi bien remplacé par quelque chose d'autre, à titre d'*équivalent*; au contraire, ce qui est supérieur à tout prix, et par suite n'admet pas d'équivalent, c'est ce qui a une dignité. Ce qui se rapporte aux inclinations et aux besoins généraux de l'homme, cela a un *prix marchand*; ce qui, même sans supposer de besoin,

---

mouvements, son visage, comme il est résolu dans ses actes, angélique dans sa pensée, comme il ressemble à un dieu! La merveille de l'univers, le parangon de tout ce qui vit! » (trad. Yves Bonnefoy, Paris, Mercure de France, 1988, p. 74) ; « Oh, celui-là qui nous dota de ce vaste esprit / Qui voit si loin dans le passé et dans l'avenir, / Ne nous a pas donné cette raison divine / Pour qu'inactive elle moisisse en nous » (trad. cit., p. 138) ; « Nous avons étouffé le chef-d'œuvre le plus charmant que, depuis la création, ait jamais formé la nature » (trad. François-Victor Hugo).

correspond à un certain goût, c'est-à-dire à la satisfaction que nous procure un simple jeu sans but de nos facultés mentales, cela a un *prix de sentiment*; mais ce qui constitue la condition qui seule peut faire que quelque chose est une fin en soi, cela n'a pas seulement une valeur relative, c'est-à-dire un prix, mais une valeur intrinsèque, c'est-à-dire une *dignité*[24] ».

Or justement l'être humain, écrit Kant, « *existe* comme fin en soi, et *non pas simplement comme moyen* dont telle ou telle volonté puisse user à son gré; dans toutes ses actions, aussi bien dans celles qui le concernent lui-même que dans celles qui concernent d'autres êtres raisonnables, il doit toujours être considéré *en même temps comme fin.* (...) Les êtres raisonnables sont appelés des *personnes*, parce que leur nature les désigne déjà comme des fins en soi, autrement dit comme quelque chose qui ne peut pas être employé simplement comme moyen, quelque chose qui par suite limite d'autant notre faculté d'agir comme bon nous semble (et qui est un objet de

24. Emmanuel Kant, *Fondements de la métaphysique des mœurs*, deuxième section, trad. Victor Delbos revue et annotée par Ferdinand Alquié, dans Kant, *Œuvres philosophiques II*, Paris, Gallimard, coll. « Bibliothèque de la Pléiade », 1985, p. 301-302 (AK IV, 434-435). Les mots soulignés le sont dans le texte.

respect). Ce ne sont donc pas là des fins simplement subjectives, dont l'existence, comme effet de notre action, a une valeur *pour nous* : ce sont des *fins objectives*, c'est-à-dire des choses dont l'existence est une fin en soi-même, et même une fin telle qu'elle ne peut être remplacée par aucune autre (...). » Autant dire, comme il l'avance du reste expressément, que les personnes ont une *valeur absolue*, non relative[25].

S'agissant du « respect », Kant a encore une fois excellemment résumé l'essentiel, dans sa *Critique de la raison pratique* cette

25. *Ibid.*, p. 293-294 (AK IV, 428). Cette idée de l'être humain comme fin en soi est manifeste dès l'Antiquité grecque, dans la conception de la liberté comme l'opposé de la servitude : « (...) nous appelons libre celui qui est à lui-même sa fin et n'existe pas pour un autre » (Aristote, *Métaphysique*, A, 2, 982 b 25-26). Pour une discussion développée de ce point et des rapprochements avec Kant, cf. Emerich Coreth, *Vom Sinn der Freiheit*, Innsbruck et Wien, Tyrolia-Verlag, 1985, spécialement p. 22-34; cf. en outre Jacqueline de Romilly, *La Grèce antique à la découverte de la liberté*, Paris, Éditions de Fallois, 1989 (repris dans la coll. « Biblio Essais » du Livre de Poche). Voir, d'autre part, dans les Actes du Concile Vatican II, *Gaudium et Spes*, le paragraphe 24 : « (...) l'homme, seule créature sur Terre que Dieu a voulue pour elle-même (...) ».

fois : « Le *respect* ne s'adresse jamais qu'à des personnes, en aucun cas à des choses. (...) *Je m'incline devant un grand,* disait *Fontenelle, mais mon esprit ne s'incline pas.* Et moi j'ajouterai : devant un homme de condition inférieure, roturière et commune, en qui je vois la droiture de caractère portée à un degré que je ne trouve pas en moi-même, *mon esprit s'incline* (...). Le *respect* est un *tribut* que nous ne pouvons refuser au mérite, que nous le voulions ou non ; nous pouvons bien à la rigueur ne pas le laisser paraître au-dehors, mais nous ne saurions cependant nous empêcher de l'éprouver intérieurement[26] ».

« L'homme passe infiniment l'homme », avait bien dit Pascal. Dans les termes d'Henri Maldiney : « Comme Emmanuel Lévinas le rappelle avec insistance, autrui est celui que je ne peux pas inventer. Il résiste de toute son altérité à sa réduction au même, fût-ce (et même surtout) au même que moi, à l'ipséité de mon propre pouvoir-être (...). En réalité, bien plus

---

26. Emmanuel Kant, *Critique de la raison pratique,* trad. Luc Ferry et Heinz Wismann, dans *Œuvres philosophiques II*, Paris, Gallimard, coll. « Bibliothèque de la Pléiade », 1985, p. 701-702 (AK V, 76-77). Cf. aujourd'hui Richard Sennett, *Respect. De la dignité de l'homme dans un monde d'inégalité,* trad. Pierre-Emmanuel Dauzat, Paris, Albin Michel, 2003.

souvent qu'en nous, la personne se présente à nous hors de nous. Quand la présence d'autrui, de cet autre-ci, nous retient à elle, elle apparaît elle aussi comme un mystère numineux : mystère de son secret, de son infini, de sa liberté, qui se décèle dans son recel. L'autre qui est là n'est pas une illustration de la catégorie d'autrui. Il est quelqu'un qui "ne s'invente pas", qui est proprement inimaginable[27] ». Ce qui introduit un nouveau thème capital de la modernité, le désir de reconnaissance.

4 – Le désir de reconnaissance

Pourquoi attachons-nous, bon gré mal gré, tant d'importance à ce que les autres disent de nous, même alors que nous prétendons le contraire? D'où vient le choc de ne pas être salué, ou simplement reconnu? Pourquoi désire-t-on tant être aimé? Ne serait-ce pas que, dans les mots de Pascal encore, « nous avons une si grande idée de l'âme de l'homme, que nous ne pouvons souffrir d'en être méprisés, et de n'être pas dans l'estime d'une âme; et toute la félicité des hommes consiste dans cette estime »

27. Pascal, *Pensées*, B 434; L 131: « (...) apprenez que l'homme passe infiniment l'homme (...) »; Henri Maldiney, *Penser l'homme et la folie*, Paris, Jérôme Millon, 1991, p. 346.

(*Pensées,* B 400; L 411)? Pascal renchérit : « Il estime si grande la raison de l'homme, que, quelque avantage qu'il ait sur la Terre, s'il n'est placé avantageusement aussi dans la raison de l'homme, il n'est pas content. C'est la plus belle place du monde, rien ne peut le détourner de ce désir, et c'est la qualité la plus ineffaçable du cœur de l'homme. Et ceux qui méprisent le plus les hommes, et les égalent aux bêtes, encore veulent-ils en être admirés et crus, et se contredisent à eux-mêmes par leur propre sentiment; leur nature, qui est plus forte que tout, les convainquant de la grandeur de l'homme plus fortement que la raison ne les convainc de leur bassesse » (*Pensées,* B 404; L 470).

C'est à Hegel toutefois que l'on doit la pleine mise en lumière de cette reconnaissance, dans la célèbre analyse qui débute, dans la *Phénoménologie de l'esprit,* en IV A, par « le pur reconnaître[28] ». Le

28. Cf. Gwendoline Jarczyk et Pierre-Jean Labarrière, *Les premiers combats de la reconnaissance. Maîtrise et servitude dans la* Phénoménologie de l'esprit *de Hegel,* texte et commentaire, Paris, Aubier, 1987, p. 92; Robert Williams, *op. cit.,* p. 141-190; Axel Honneth, *La lutte pour la reconnaissance. Grammaire morale des conflits sociaux,* trad. Pierre Rusch, Paris, Cerf, coll. « Passages », 2000; Paul Ricœur, *Parcours de la reconnaissance,* Paris, Stock, 2004, p. 253 sq.

désir ordinaire coïncide avec soi en s'emparant de l'objet et le niant ou supprimant (quand je mange cette pomme, par exemple). Contrairement au désir, la reconnaissance ne réduit pas l'autre au même. Il y a dans la reconnaissance une coïncidence avec soi et une satisfaction qui ne s'obtient pas par l'élimination de l'autre, mais par solidarité avec lui. La reconnaissance laisse l'autre être lui-même et libre. Ce qui permettra à cet autre de reconnaître, ou au contraire de refuser la reconnaissance. Or cette reconnaissance non forcée, libre, est cruciale pour le moi. La reconnaissance qui compte vient d'un autre n'étant pas à ma disposition.

Pareille solidarité, loin d'être une identité de type abstrait, excluant la différence, en est bien plutôt une de type social, fondée sur une médiation intersubjective réciproque, d'où résulte le « nous », universel concret, exhibant à la fois ce que sont les deux individus et leur reconnaissance mutuelle. On voit bien que le mouvement de reconnaissance est celui des deux consciences de soi : chacun voit l'autre faire comme lui. La reconnaissance est essentiellement une action bilatérale, où l'action de l'un ne se sépare pas de l'action de l'autre. D'où l'affirmation, en conclusion, que la reconnaissance est essentiellement les deux relations dans la réciprocité, à soi et à l'autre : « Ils se *reconnaissent* comme *se reconnaissant mutuellement* », écrit Hegel.

Suit la fameuse dialectique du maître et de l'esclave. Deux points sont ici essentiels. A) Hegel part de l'extrême de l'exclusion réciproque : « (...) l'un est seulement reconnu, l'autre seulement reconnaissant ». C'est le résultat de la lutte pour la vie ou la mort, où chacun risque sa propre vie et où, en raison de sa crainte de la mort, l'esclave accepte de devenir une chose, une commodité, afin de survivre – en vue donc du simple exister. Mais quel est le sens de s'exposer à la mort? Car c'est après tout affronter la destruction de toutes ses possibilités en tant que vivant. Ce qui permet de mettre sa vie en jeu est manifestement quelque chose de plus que la vie : être reconnu par l'autre comme porteur d'une qualité dépassant la vie même : la *dignité humaine* ; que l'*autre* me *reconnaisse* cette *qualité*. La preuve que cette dignité vaut plus que la vie, plus que le simple exister, est que j'expose pour elle ma vie, ce qui donne son sens au combat.

B) L'autre point va de soi. Comme l'esclave n'est plus une autoconscience indépendante, la reconnaissance qu'il accorde au maître n'est plus authentique : il n'est plus véritablement « autre », puisqu'il est maintenant la chose du maître. De sorte que la maîtrise se meut en échec : la reconnaissance forcée n'a aucune valeur. Comme on l'a fait remarquer, le Moi = Moi du maître qui ne rencontre rien ni personne et n'est en contact avec l'esclave que par l'intermédiaire des choses qu'il consomme, et avec les choses que par l'intermédiaire de l'esclave, est aussi l'équation du mélancolique ; elle confine à la psychose. « Il n'y a d'altérité que dans l'opacité d'une résistance[29] ». Suivront les renversements que l'on sait : l'effet du travail manifestera la dépendance du maître. Hegel aura dégagé ainsi de l'expérience une loi sociale inéluctable, respectant en même temps l'exigence « logique » inscrite plus haut : le désir de reconnaissance impose la liberté de l'autre, son rapport autonome à soi, et cette reconnaissance doit être mutuelle.

Cette loi est plus que jamais manifeste aujourd'hui sur le plan politique autant qu'individuel. Ce qu'on qualifie de manque de liberté se réduit souvent à un manque de reconnaissance adéquate, comme l'a bien marqué Isaiah Berlin. Ce qui est recherché partout, écrit-il, c'est « tout simplement le moyen de ne pas être ignoré, traité avec condescendance, mépris ou indifférence,

29. Cf. Henri Maldiney, *Penser l'homme et la folie*, p. 26 sq.

bref, d'être reconnu dans ma singularité, de ne pas être noyé dans un tout indifférencié, de ne pas être tenu pour un numéro dépourvu d'attributs identifiables et de fins qui me soient propres. (…) Ce désir peut être si puissant que, dans mon âpre quête de reconnaissance, je préfère encore être maltraité et mal gouverné par un membre de ma propre race ou classe sociale, car au moins celui-ci me tient pour un homme et un rival – autrement dit pour un égal –, plutôt qu'être bien traité mais avec tolérance et condescendance par un individu appartenant à un groupe supérieur ou lointain qui ne me reconnaît pas pour ce que je veux être. Telle est l'immense clameur que fait entendre l'humanité – les individus, les groupes et, de nos jours, les catégories professionnelles, les classes, les nations et les races. (…) Tant que nous ne l'admettrons pas, les idéaux et le comportement de peuples entiers (...) nous demeureront incompréhensibles[30] ». Entretenir une vive conscience du rôle central du désir de reconnaissance chez tout être humain,

---

30. Isaiah Berlin, *Éloge de la liberté*, trad. Jacqueline Carnaud et Jacqueline Lahana, Paris, Calmann-Lévy, coll. « Agora », 1990, p. 202-209 ; cf. en outre Charles Taylor, *Multiculturalisme. Différence et démocratie*, Paris, Flammarion, 1994.

incite au contraire à se montrer inventif dans les moyens de manifester le respect d'autrui au sein des rapports humains même les plus difficiles, voire conflictuels.

5 – Dignité et indignité morale

Nous avons entendu Antigone se réclamer de « lois non écrites, inébranlables, des dieux », gravées en elle. Nous avons vu également que dans la même tragédie de Sophocle, le chœur fait l'éloge de la maîtrise chez l'homme d'un savoir dont les ingénieuses ressources dépassent toute espérance, mais remarque qu'il peut prendre ensuite la route du mal tout comme du bien. Un humain accompli est le meilleur des animaux, remarquait à son tour Aristote en sa *Politique* (I, 2, 1253 a 31-37), mais quand il a rompu avec loi et justice il est le pire de tous, le plus impie, le plus féroce et le plus déréglé. Les portraits de l'homme tyrannique et du démagogue, aux livres VIII et IX de la *République*, comptent parmi les pages les plus réussies de Platon. Tacite et Suétone ont abondamment illustré, de leur côté, les aberrations de la décadence romaine. Auschwitz, les goulags et les autres atrocités du XXe siècle aidant, ne faudrait-il pas bien plutôt parler de l'indignité humaine ?

La perception de l'inhumain n'est possible qu'à partir du vif sentiment de son opposé, de ce qu'on a appelé le sens de l'humain. Quand je reconnais l'humanité d'autrui, je le fais grâce à une connaissance antérieure de cette humanité qui ne peut être au bout du compte que celle que j'ai de ma propre humanité. Le mot latin *persona* signifie en premier lieu « masque de théâtre », le mot grec correspondant, *prosôpon*, signifie premièrement la « face », le « visage », ce qui est donné au regard de l'autre, puis aussi « masque ». Viendront ensuite naturellement d'autres sens, désignant le personnage, le rôle qu'il joue et l'acteur qui joue ce rôle. Ces mots ne désigneront que plus tard celui ou celle qui parle, pour ainsi dire, derrière le masque, la personne au sens qui nous est familier. Cette évolution de sens est tout à fait naturelle. Car nous ne voyons jamais de nos yeux corporels la personne, mais toujours un masque, un visage demeurant du reste souvent énigmatique, que chacune ou chacun compose plus ou moins délibérément. Mais alors, comment parvient-on à la personne au sens plus profond? Ce n'est en réalité que par l'accès intérieur à soi-même. Une personne est un être qui pense, sent, aime, comme nous. Nous savons par conséquent tous on ne peut mieux ce qu'est une personne, par l'expérience que nous avons de *vivre* la vie de personnes. Nous voilà au cœur même de l'éthique, la connaissance de soi. « Agis de telle sorte que tu traites l'humanité aussi bien dans ta personne que dans la personne de tout autre toujours en même temps comme fin, et jamais simplement comme moyen », déclare avec justesse l'impératif kantien. Barbare est ainsi avant tout celui ou celle qui est pervers au point de méconnaître autant sa propre humanité que celle des autres. Tout le problème est qu'il ne sait pas qu'il l'ignore. « En quoi consiste la barbarie, demandait Goethe, sinon précisément en ce qu'elle méconnaît ce qui excelle[31] ? »

Le sens de l'humain est donné par la conscience morale, par cette exigence de nous-mêmes à l'égard de nous-mêmes qui nous fait pressentir qu'en causant injustement un tort à autrui, c'est immédiatement à nous-mêmes que nous faisons du tort.

---

31. Emmanuel Kant, *Fondements de la métaphysique des mœurs,* p. 295 (AK IV, 429) ; et *Goethes Gespräche mit Eckermann,* II, 22 März 1831, Wiesbaden, Insel-Verlag, 1955, p. 455 ; trad. Jean Chuzeville, Paris, Gallimard, 1949, p. 345. Cf. Jean-François Mattéi, *La barbarie intérieure. Essai sur l'immonde moderne,* Paris, Presses Universitaires de France, 1999, et notre livre *La nouvelle ignorance et le problème de la culture,* Paris, Presses Universitaires de France, 2000.

C'était là la portée de la thèse défendue par Socrate (dans le *Gorgias* de Platon) selon laquelle il vaut mieux subir une injustice qu'en commettre une. Telle est aussi bien la signification de la règle universelle, dite d'or : « Ne fais pas aux autres ce que tu ne voudrais pas qu'on te fasse » (*Entretiens de Confucius*, XV, 23) ; « Faites aux autres ce que vous voudriez qu'ils vous fassent » (*Matthieu* 7, 12). Il y a là une expression de la solidarité humaine la plus fondamentale. Le sol de cette solidarité est la conscience, par laquelle « l'homme lui-même, l'individu humain, devient l'universel, devient une totalité de sens ». Car, comme l'explique lumineusement Robert Spaemann, « parler de la conscience revient à parler de la dignité de l'homme. Cela revient à parler de ce que l'homme n'est pas un cas d'une entité universelle, un exemplaire au sein d'une espèce, mais que chaque individu est lui-même, en tant qu'individu, une totalité, qu'il est lui-même déjà "l'universel"[32] ».

32. Robert Spaemann, *Notions fondamentales de morale*, trad. Stéphane Robillard, Paris, Flammarion, 1999, p. 92 et 90. Sur la conscience, voir en particulier Kant, *Leçons d'éthique*, trad. Luc Langlois, Paris, Le Livre de Poche, 1997, p. 243-250, et les notes du traducteur, ainsi que Paul Valadier, *Éloge de la conscience*, Paris, Seuil, 1994.

« Deviens ce que tu es », le précepte dérivé de Pindare veut dire qu'on est appelé à constituer soi-même son propre « séjour » (*êthos*), son propre être en ce sens, qui revêt ainsi la dignité d'une fin qu'on est invité à se donner, à la hauteur des trésors reçus en héritage. La vertu est une « force » (*virtus*), une « excellence » (*aretê*), telle ou telle virtualité portée à son sommet. Dans le flux de la vie, la vertu donne un être, une identité ferme, qu'incarne bien la vertu de force ou de courage. L'acquisition de la vertu, d'un « sens des valeurs », peut dès lors se décrire comme une naissance continuelle à soi : « (...) elle est le résultat d'un choix libre, et nous sommes ainsi en un sens nos propres parents » (Grégoire de Nysse) ; Aristote parlait de l'homme comme « principe et générateur de ses actions[33] ». Qui peut plus, peut moins – *virtus ultimum potentiae*, dit la maxime, la vertu est l'extrême, le point culminant de la potentialité, qui par conséquent révèle le mieux cette dernière. Les Jeux olympiques nous permettent d'évaluer la pleine mesure des capacités humaines au niveau du corps principalement. Les défis moraux de même, mais en

33. Grégoire de Nysse, *Vie de Moïse*, II, 3 ; Aristote, *Éthique à Nicomaque*, III, 7, 1113 b 18.

ce qui concerne cette fois davantage l'être humain comme tel. En ce sens, on peut donner raison à Kant d'avoir insisté sur le fait qu'il y a dignité humaine quand il y a vertu. Il n'empêche que cette excellence manifeste une capacité sans laquelle elle ne pourrait jamais être réalisée : rien ne vient de rien ; c'est l'humaine nature qui est ainsi portée à un achèvement et manifestée.

6 – L'amitié

Les deux thèmes qui précèdent ont trouvé dans la pensée moderne un autre relief, celui de l'amour et de l'amitié, que l'Antiquité et la tradition avaient approfondi plus que tout autre. Comme l'a fait remarquer Aristote, aimer c'est honorer[34] ; il s'agit en réalité de la plus haute reconnaissance de la dignité d'autrui, l'accomplissement de la reconnaissance mutuelle, de même que celui de la vie éthique, où l'on découvre la valeur intrinsèque de l'autre. « C'est là le fond de la joie d'amour, lorsqu'elle existe : nous sentir justifiés d'exister », a écrit Sartre dans une de ses meilleures pages[35]. L'amour dit :

34. Voir *Éthique à Nicomaque*, VIII, 9, 1159 a 12-27.

35. Jean-Paul Sartre, *L'être et le néant*, Paris, Gallimard, 1943, p. 439.

il est bon que tu existes, ton existence est un bien. « Concevoir, c'est dominer... ce n'est que dans l'amour seul qu'on est un avec l'objet, sans dominer ni être dominé », déclare le jeune Hegel[36]. Et dans ses écrits théologiques : « L'être aimé n'est pas opposé à nous. Il ne fait qu'un avec notre être (*Wesen*) propre; nous nous voyons nous-mêmes en lui, et cependant il n'est pas nous – un miracle que nous ne pouvons pas comprendre (*fassen*)[37] ».

Le rapport à autrui devient en outre, à l'époque moderne, proprement constitutif dans la théorie du droit. Leibniz corrige Locke sur ce point fondamental dans les *Nouveaux essais sur l'entendement humain* :

---

36. « Begreifen ist beherrschen... nur in der Liebe allein ist man eins mit dem Objekt, es beherrscht nicht und wird nicht beherrscht », dans *Entwürfe über die Religion und Liebe* (1797-1798), dans *Werke in zwanzig Bänden. Theorie Werkausgabe*, Frankfurt, Suhrkamp Verlag, 1971, 1, 242; le texte continue : « Diese Liebe, von der Einbildungskraft zum Wesen gemacht, ist die Gottheit (...) ».
37. H. Nohl (ed.), *Hegels Theologische Jungendschriften*, Tübingen, J. C. B. Mohr (Paul Siebeck), 1907 (réimpression 1966), p. 377; pour d'autres textes de Hegel sur ces points, voir notre livre, *De la dignité humaine*, p. 206.

« La conscience n'est pas le seul moyen de constituer l'identité personnelle, et le rapport d'autrui ou même d'autres marques peuvent y suppléer. » Yves Charles Zarka a su démontrer que le droit repose entièrement chez Leibniz sur une théorie de l'amour, défini magnifiquement dans les termes suivants : « Aimer ou estimer, c'est se plaire dans la félicité d'un autre ou, ce qui revient au même, c'est faire de la félicité d'un autre notre propre félicité » (*Codex juris gentium diplomaticus*, éd. Dutens, IV, p. 295)[38]. La découverte de la place d'autrui est directement liée à cette définition de l'amour mise ici à la source du droit naturel et de ses trois degrés, le droit strict, l'équité et la piété. Elle se confirme dans la *Méditation sur la notion commune de la justice*, où pour passer du *jus strictum* à l'équité il faut passer du principe :

38. Cf. Yves Charles Zarka, *L'autre voie de la subjectivité*, Paris, Beauchesne, 2000, p. 28, 88, 93, 106. Comme le rappelle Paul Ricœur à la suite de Zarka, il s'agit d'une voie non cartésienne, antérieure d'autre part à Hobbes, qui prend racine dans la définition du droit et de la personne chez Grotius (lequel a pour modèle Suarez) dont le *De Jure belli ac pacis* a été publié en 1625, tandis que le *Léviathan* de Hobbes date de 1651 (cf. Paul Ricœur, *Parcours de la reconnaissance*, p. 244-245 ; et 251).

« Mettez-vous à la place d'autrui (...) », au principe : « Mettez-vous à la place de tous (...) » (éd. Mollat, II, p. 62-63). Non seulement Leibniz découvre-t-il et nomme-t-il le sujet de droit, mais il définit aussi, on le voit, « les premiers linéaments d'un fondement intersubjectif de la théorie du droit » (Zarka, p. 29).

Nul parmi les philosophes n'a aussi bien parlé de l'amitié qu'Aristote, qui prit soin d'ouvrir ses discussions de l'amitié par la constatation qu'elle est « ce qu'il y a de plus nécessaire pour vivre (*anankaiotaton eis ton bion*). Car sans amis personne ne choisirait de vivre, eût-il tous les autres biens » (*EN*, VIII, 1, 1155 a 4-6)[39]; et que « l'absence d'amitié et la solitude sont vraiment ce qu'il y a de plus terrible parce que la vie tout entière et l'association volontaire ont lieu avec des amis » (*EE*, VII, 1, 1234 b 33-34). Elle est naturelle entre

39. Nous citons, pour l'*Éthique à Nicomaque* (*EN*), la traduction de J. Tricot, Paris, Vrin, 1959, moyennant quelquefois de légères modifications; pour l'*Éthique à Eudème* (*EE*), celle de Vianney Décarie, Paris, Vrin et Montréal, Les Presses de l'Université de Montréal, 1978; pour *La Grande Morale*, celle de Catherine Dalimier, *Les grands livres d'éthique*, Paris, Arléa, 1992; et pour *Les Politiques*, celle de Pierre Pellegrin, Paris, GF-Flammarion, 1990.

parents et enfants, déjà chez la plupart des animaux (cf. *EN*, VIII, 1, 1155 a 16-19). L'amitié mutuelle est naturelle « principalement chez les humains » (a 20) ; « même au cours de nos voyages au loin, nous pouvons constater à quel point l'homme ressent toujours de l'affinité et de l'amitié pour l'homme » (a 21-22). On en ressentira pour l'esclave « en tant qu'il est homme » (cf. *EN* VIII, 13, 1161 b 5-10)[40].

À quoi s'ajoute chez lui l'insistance que « l'œuvre du politique consiste surtout, de l'avis général, à engendrer l'amitié » (*EE*, VII, 1, 1234 b 22-23) ; « nous pensons que l'amitié est le plus grand des biens pour les cités car elle évite au maximum la discorde » (*Politique*, II, 4, 1262 b 7-8). Le communisme platonicien ruinerait, selon lui, cette amitié si vitale pour l'État : « L'homme a deux mobiles essentiels d'intérêt et d'amitié : la propriété et l'affection (*to agapêton*) ; or ni l'un ni l'autre n'ont place chez les citoyens d'un tel État » (*ibid.*, 1262 b 22-23). L'amitié seule rend la convivialité, ou vie en commun, la communauté en ce sens, possible – en langue de bois, un « programme de société ». « En effet la communauté [politique suppose] l'amitié, car on ne veut pas faire de

40. Cf. aussi *Politique*, I, 6, 1255 b 12 ; et VII, 10, 1330 a 25-33.

chemin en commun avec ses ennemis » (*Politique*, IV, 11, 1295 b 21-24). « Aimer (*to philein*), lit-on dans la *Rhétorique*, c'est vouloir pour quelqu'un ce que l'on croit des biens, pour lui (*ekeinou ekeina*) et non pour nous, et aussi être, dans la mesure de son pouvoir, enclin à ces bienfaits » (II, 4, 1380 b 35 sq.). Cette vision de l'amitié doit être considérée comme « un élément cardinal » de toute la théorie éthique d'Aristote : car c'est là qu'Aristote fait valoir le caractère indispensable, pour une vie épanouie, du souci actif de l'autre pour l'autre, et réciproquement; cette réciprocité fonde à son tour « l'amitié civile », laquelle apparaît comme un bien humain essentiel[41].

Aussi, parallèlement, l'amitié semble-t-elle « constituer le lien des cités, et les législateurs paraissent y attacher un plus grand prix qu'à la justice même : en effet, la concorde, qui paraît bien être un sentiment voisin de l'amitié, est ce que recherchent avant tout les législateurs, alors que l'esprit de faction, qui est son ennemi, est

41. Cf. John M. Cooper, « Aristotle on Friendship », dans *Essays on Aristotle's Ethics* (ed. A. O. Rorty, University of California Press, 1980), p. 301-340, en particulier 302-303; et « Aristotle on the Forms of Friendship », dans *The Review of Metaphysics*, 30 (1977), p. 645-648.

ce qu'ils pourchassent avec le plus d'énergie » (*EN*, VIII, 1, 1155 a 22 sq.). Éric Weil plaidait, on le sait, pour que le « mot d'*amitié* » puisse « reprendre ce sens moral et politique qu'il a perdu dans le monde moderne au profit d'une signification privée et sentimentale[42] ».

L'amitié ressortit plus que la justice même à l'éthique, selon Aristote. « Quand les hommes sont amis il n'y a plus besoin de justice, écrit-il, tandis que s'ils se contentent d'être justes ils ont en outre besoin d'amitié, et la plus haute expression de la justice est, dans l'opinion générale, de la nature de l'amitié » (a 26-28). Bien plus que nécessaire, l'amitié est donc en outre avant tout quelque chose de noble et de beau (*kalon*), à tel point que pour certains « un homme bon et un véritable ami » ne font qu'un (cf. a 28-31).

Les deux thèmes ayant à juste titre retenu le plus l'attention, s'agisssant de la *philia* chez Aristote, semblent être ceux de l'ami comme *allos*, ou *heteros, autos*, « autre soi-même », et de la *philautia*, « amour de soi », origine réelle de toute amitié véritable. Tout cela déborde évidemment notre présent propos. Retenons seulement qu'il en ressort que l'ami est donc un autre *soi*

42. Éric Weil, *Philosophie politique*, 3e édition, Paris, Vrin, 1971, p. 245; cf. p. 251.

au sens fort, d'autant plus paradoxalement que chacun de nous est unique. Jean-Louis Chrétien l'exprime on ne peut mieux : « C'est ici que survient pour Aristote le miracle de l'amitié – ce partage de ce qui est sans partage, cette cession de l'incessible, cette mise en commun de ce qui est absolument propre. Nous pouvons nous réjouir de l'être de l'ami comme du nôtre propre, nous réjouir qu'il soit, simplement[43] ».

Mais comment pouvons-nous ainsi nous en réjouir? De ce que, précisément, notre ami *est* un *autre soi*, comme le répète encore à deux reprises *EN* IX, 9 (en 1069 b 6-7, et 1170 b 6-7), certainement le sommet de tous les nombreux chapitres d'Aristote relatifs à l'amitié. La vie humaine se définit avant tout par la perception et la pensée (*aisthêsis* et *noêsis*) (cf. 1170 a 13 sq.). Or vivre et être conscient de vivre ne font qu'un : percevoir que l'on perçoit, penser que l'on pense (1170 a 32). Dans ce qu'elle a de meilleur, l'amitié est partage de ce que

---

43. Jean-Louis Chrétien, *La voix nue. Phénoménologie de la promesse*, Paris, Minuit, 1990, p. 217; tout le chapitre (p. 209-224), intitulé « Le regard de l'amitié », est remarquable. Sur l'autre n'apparaissant que dans le regard d'un autre, voir aussi les belles pages d'Henri Maldiney, *Penser l'homme et la folie*, p. 355 sq.; mieux, le chapitre entier sur la personne, p. 325-359.

la conscience d'exister de l'autre a également de meilleur (cf. 1170 b 2-8; b 10-12).

Les amis ne sont en somme, comme dira Montaigne en son chapitre sur l'amitié, « qu'une âme en deux corps selon la très propre définition d'Aristote ». Paul Ricœur conclut avec beaucoup d'à-propos son récent ouvrage, *Parcours de la reconnaissance,* par ces lignes toujours fraîches de Montaigne, lourd du deuil de La Boétie : « En l'amitié de quoi je parle [les âmes] se mêlent et se confondent l'une en l'autre en un mélange si universel qu'elles effacent et ne retrouvent plus la couture qui les a jointes. Si on me presse de dire pourquoi je l'aimais, je sens que cela ne peut s'exprimer qu'en répondant : parce que c'était lui, parce que c'était moi[44] ».

7 – La dignité du corps humain

Antigone a également rappelé, nous l'avons vu, la dignité du corps, celle même du cadavre. Ce qui peut aider à le comprendre, c'est cette détermination capitale et d'ailleurs évidente – explicitée déjà, on l'aura noté, par Boèce : la personne est un

44. Paul Ricœur, *Parcours de la reconnaissance,* p. 377; Montaigne, *Les Essais,* Livre I, ch. XXVIII, Paris, Presses Universitaires de France, coll. « Quadrige », 1965, p. 188.

individu (du latin *individuum* : « ce qui est indivisible »). Que cet être intelligent et dès lors appelé à répondre de ses actes soit un *individu,* cela veut dire avant tout qu'il est un être *indivisible,* aux droits non moins *indivisibles* du reste (ce que la Déclaration de 1948 citée plus haut marque de manière exemplaire). Comme l'écrit Paul Ladrière : « Sans l'ancrage dans la concrétude de chaque individu, la dignité et le respect inconditionnel de la personne dégénèrent en moralisme et en toutes sortes d'idéologies sexistes, racistes, nationalistes, corporatistes, classistes, élitistes, etc. Moralismes et idéologies qui ont en commun de n'accorder dignité et respect qu'à ceux qui leur semblent le mériter. L'individu comme être-là singulier et comme être raisonnable exprime les dimensions ontique et ontologique de la personne. Dans l'oubli de ces dimensions, l'individu peut être réduit à sa dimension biologique, psychologique, économico-politique[45] ».

Pour peu que nous nous reportions à notre expérience ordinaire de vivre, malgré la difficulté à concevoir l'indivision, nous nous éprouvons, en temps normal, comme

45. Paul Ladrière, *La notion de personne, héritière d'une longue tradition,* dans le collectif *Biomédecine et devenir de la personne,* sous la direction de Simone Novaes, Paris, Seuil, 1991, p. 54.

« chacun » (« chaque » « un ») un « je » « individuel ». On peut diviser le corps de Socrate, jamais on ne parviendra à diviser Socrate. Cette unicité indivisible de la personne humaine est au reste plus nettement que jamais corroborée par la science[46].

L'âme de l'invalide – qu'il suffise d'entendre par le mot « âme », pour commencer, simplement la source première de vie, grâce à laquelle ce corps-ci, par exemple, diffère d'un cadavre – n'est ni altérée ni moins unie au corps du fait que celui-ci soit, par exemple, dans un coma profond, ou déficient de quelque autre manière; son visage, ses mains, son corps tout entier ont exactement la même dignité qu'auparavant; car il s'agit, encore une fois, de la dignité du tout humain. Toute vision crûment dualiste (faisant de son âme et de son corps deux substances distinctes) enlève au corps sa dignité. On peut être tenté de souligner, certes, que la dignité humaine –

46. La science nous apprend notamment que la structure neuronale du cerveau de chaque humain, même un jumeau identique, est différente de celle de tout autre cerveau. Cf. Gerald M. Edelman, *Biologie de la conscience*, trad. Anna Gerschenfeld, Paris, Odile Jacob, coll. « Points », 1993, spécialement le chapitre 9 et la postface; et Jean-Pierre Changeux, *L'homme neuronal*, Paris, Fayard, 1983, p. 277-284.

l'intelligence, la volonté, la liberté – est plutôt le fait de l'*âme* humaine. Mais celle-ci n'existe pas comme une entité séparée ; elle est unie de manière indivisible au corps, à preuve la dissolution de celui-ci à la mort. Que le vivant qu'elle anime soit endormi ou éveillé, comateux, gravement handicapé ou en pleine forme, elle est tout aussi présente. C'est elle qui rend possible tout exercice éventuel des diverses potentialités qu'elle unifie : marcher, voir, entendre, penser, aimer et le reste ; car ce n'est manifestement pas leur seul *exercice* qui est l'âme ; autrement je devrais soutenir que chaque fois que je me mets à marcher effectivement, une nouvelle âme apparaît, et que « les mêmes êtres seront aveugles plusieurs fois par jour, et sourds également[47] ».

47. Aristote, *Métaphysique*, θ, 3, 1047 a 9-10, trad. Tricot, dans sa célèbre réfutation des Mégariques, qui ne parvenaient pas à voir la réalité du potentiel. Le philosophe à qui l'on doit les déterminations les plus éclairantes quant à l'union de l'âme et du corps reste Aristote, en particulier dans son traité *De l'âme*, comme l'a rappelé Hilary Putnam de nos jours. Pour une approche préliminaire plus détaillée de cette question de l'âme et du corps, voir notre livre, *De la dignité humaine*, chapitre III, p. 81-114.

Un texte de la sagesse chinoise rend bien cette réalité de l'âme, même lorsque sa présence est moins manifeste : « (...) la nature de l'homme peut être comparée aux yeux. Dans le sommeil ils sont fermés et il fait noir. Ils doivent attendre l'éveil avant de voir. Avant l'éveil, on peut dire qu'ils possèdent la substance (qualité) fondamentale pour voir, mais on ne peut dire qu'ils voient. Or la nature de tous possède cette substance fondamentale, mais elle n'est pas encore éveillée; c'est comme des gens endormis attendant d'être éveillés[48] ».

C'est assez dire le degré d'intimité de l'âme et du corps. Peu importe l'état en lequel se trouve un corps humain vivant, lui et l'âme ne font qu'un, tout et parties, quelle que puisse être la condition apparente, parfois très diminuée, du corps. Car l'âme est une et indivisible, ce que nous avons reconnu plus haut en disant que Socrate, ou n'importe quel individu humain, est, lui, indivisible. (Le sens commun le reconnaît; prétendre un tel « schizophrène » c'est déclarer son esprit « partagé en deux », et, partant,

48. Tung Chung-shu (environ 179-104 av. J.-C.), *Cg'un-ch'iu fan-lu* (*Luxuriant Gems of the Spring and Autumn Annals*), ch. 35; dans *A Source Book in Chinese Philosophy*, translated and compiled by Wing-tsit Chan, Princeton University Press, 1963, p. 275.

reconnaître son unité foncière; il n'y a pas de division sans divisé : l'attribution n'a pas de sens autrement; *qui* est « schizo »?) Il en est ainsi du premier au dernier instant de la vie de ce corps humain; il ne s'agirait pas de lui, autrement. Tout individu humain est à chaque instant, quelle que soit sa condition, une personne et en possède toute la dignité[49].

Il suit de ce que nous venons de voir que tout corps humain, quel qu'il soit – dément profond, Einstein, comateux, trois fois champion olympique –, mérite le même respect. La dignité absolue de tout être humain est la même dans chaque phase de sa vie, depuis la conception jusqu'à l'extrême faiblesse de la vieillesse. Car il

49. Sur la tentative, par certains, de créer une nouvelle catégorie, celle d'humains qui ne seraient pas des personnes, offrant la liberté juridique de supprimer des vies humaines, celles de nouveau-nés, par exemple, voir notre critique dans *De la dignité humaine* (spécialement p. 6, 48-49, 54-56, 83-84, 114). Cf., d'autre part, l'étude très fouillée de Roberto Andorno, *La distinction juridique entre les personnes et les choses*, Paris, Librairie générale de droit et de jurisprudence, coll. « Bibliothèque de droit privé », 1996 et, du même auteur, le petit ouvrage, *La bioéthique et la dignité de la personne*, Paris, Presses Universitaires de France, coll. « Médecine et société », 1997.

s'agit toujours du même individu humain, de la même personne. C'est encore plus patent depuis la mise en évidence par la science de « l'unicité organique (et spirituelle) de chaque homme », que d'aucuns jugent même « la plus importante découverte » du XXe siècle[50].

Conclusion

Au terme d'un petit livre d'une rare profondeur, l'écrivain québécois Pierre Vadeboncœur a fait observer qu'« aux yeux du postmodernisme, la difficulté du bien se résout par la suppression du concept de difficulté. Celui-ci se dissout dans la facilité générale à laquelle on convie l'humanité, dans une sorte d'abolition des contraires ». Car on oublie ainsi, ou feint d'oublier, la figure du bien peut-être la plus indéniable, celle de la tragédie. « La figure de la tragédie, inséparable de celle du bien, ne se laisse pas mettre de côté indéfiniment par un superficiel système du bonheur assuré par l'oubli. Cette figure une fois dans la place, les autres figures rentreront à sa suite[51] ».

50. Philippe P. Meyer, *L'irresponsabilité médicale*, Paris, Grasset, 1993, p. 24; cf. p. 74 et 214.

51. Pierre Vadeboncœur, *L'humanité improvisée*, Québec, Bellarmin, coll. « L'essentiel », 2000, p. 177 et 181-182.

Nous avons pu entrevoir dans ce qui précède combien féconde était la vision tragique, en particulier celle d'Antigone. Les théories qui l'ont accompagnée et qui ont suivi auront permis d'apprécier sa profondeur. Il faudrait être singulièrement abstrait pour ne pas en voir la pertinence accrue aujourd'hui.

II

Qu'est-ce que l'intelligence humaine ?

1 – Portée de la question

« Toute la dignité de l'homme est dans la pensée », déclarait Pascal, résumant admirablement, en quelques mots à peine, l'essentiel de l'héritage culturel de la Grèce antique jusqu'à ce jour. « Pensée fait la grandeur de l'homme[1] ».

Qu'est-ce à dire ? N'y a-t-il pas plus d'un inconvénient à honorer ainsi la pensée humaine ? Ne serait-ce pas oublier les valeurs du cœur ? Faudrait-il même comprendre que la dignité humaine s'établirait en fonction du quotient intellectuel, au point qu'un quotient plus faible à cet égard rendrait moins « humain » et les surdoués plus dignes en quelque sorte ? Doit-on dès lors aussi déconsidérer les

1. Blaise Pascal, *Pensées*, éd. Brunschvicg (désormais B) 365 ; Lafuma (désormais L) 756 ; B 347 ; L 200 ; et B 346 ; L 759.

animaux, comme l'a laissé entendre l'ouvrage érudit d'Élisabeth de Fontenay, *Le silence des bêtes,* rempli de citations d'auteurs classiques, tel Aristote, dont elle ne manque pas de louer néanmoins « l'exactitude et la beauté des descriptions d'animaux[2] » ?

En quoi, plus précisément, la pensée peut-elle ennoblir à ce degré un être? Qu'est-ce que la pensée humaine pour mériter l'éloge suivant d'Euripide : *ho noûs gar*

---

2. Cf. Élisabeth de Fontenay, *Le silence des bêtes,* Paris, Fayard, 1998, p. 100-101, citant la description du dauphin par Aristote, *Histoire des animaux,* IX, 48. L'auteur avoue honnêtement, dès l'avant-propos, ce qu'elle reconnaît chez elle comme « par-dessus tout, une réelle impuissance à définir un quelconque propre de l'homme ». Dans un article remarquable, Lionel Ponton a montré à neuf que les devoirs à propos des animaux sont des devoirs envers l'homme lui-même, et mis en relief, textes à l'appui, l'apport de penseurs aussi importants que Thomas d'Aquin, Kant, John Rawls, ainsi que Horkheimer et Adorno à cette cause (cf. « Les devoirs envers les animaux », dans *Cahiers de philosophie politique et juridique,* n° 22, *Sujet de droit et objet de droit. L'homme est-il le seul sujet de droit ?,* Presses Universitaires de Caen, 1993, p. 139-150).

hêmôn estin en hekastoi theos (« car l'intellect est Dieu en chacun de nous »), ou l'exclamation analogue de Hamlet sur l'homme : « In apprehension how like a god ! » ? Comment Plotin peut-il avancer que l'intelligence est « le plus beau des êtres » (*pantôn kallistou*), faisant écho à Platon déclarant, dans le *Phèdre* : si seulement nous pouvions de nos yeux voir la pensée, « quelles inimaginables amours[3] ! » ?

Que ce qui nous définit le plus proprement en tant qu'humains soit en même temps cette « partie la plus divine », tel est le paradoxe de notre humaine condition, selon Platon et Aristote déjà. « Que pourrait-il y avoir de supérieur et à la science et à l'intellect sauf Dieu ? », écrit Aristote. Pour lui, ce qui pense (*to nooun*) n'en est pas moins chacun de nous (*hekastos*), soit purement et simplement, soit au plus haut point. On connaît par ailleurs l'exhortation de saint Augustin : *Intellectum vero valde ama* ; « aime vraiment beaucoup l'intelligence ». Mais le plus étonnant reste sans doute la déclaration suivante de saint Jean de la Croix : « Une seule pensée de l'homme

3. Euripide, Fragment 1018 (Nauck) ; Shakespeare, *Hamlet*, II, ii, 323-328 ; Plotin, *Ennéades* III, 8, 11 : *De la contemplation*, trad. Émile Bréhier, Paris, Les Belles Lettres, p. 168 ; Platon, *Phèdre*, 250 d.

est plus précieuse que tout l'univers; d'où vient que seul Dieu en est digne[4] ».

Pour peu, à vrai dire, qu'on s'interroge sur la dignité humaine, ou qu'on tente simplement de mettre à l'épreuve l'antique précepte « Connais-toi toi-même », force est de constater qu'on est chaque fois reconduit à la question de l'être de la pensée elle-même : *homo faber, homo sapiens, phusei politikon zoon* (« animal naturellement politique »), animal dit « rationnel » ou « raisonnable » ou encore « capable de parole » – qui sont deux façons complémentaires de traduire la célèbre remarque de la *Politique* d'Aristote (I, 2, 1253 a 9-10) selon laquelle seul d'entre les animaux l'homme *logon echei* (« possède un *logos* ») – tout cela et bien plus encore

4. Platon, *République*, IX, 589 e : *to heautou theiotaton* ; Aristote, *Éthique à Nicomaque*, X, 7, 1177 a 16 : *en hêmin to theiotaton* ; *Éthique à Eudème*, trad. Vianney Décarie, VIII, 2, 1248 a 28-30 ; cf. *Éthique à Nicomaque*, IX, 4, 1166 a 16-23 ; IX, 8, 1168 b 35 et 1169 a 2 ; X, 7, 178 a 2-7 ; *Protreptique*, fr. 6 (Ross) ; saint Augustin, *Ep. 120 ad Consentium*, iii, 13 ; cf. *De Trinitate*, XV, ii, 2 ; et xxviii, 51 ; saint Jean de la Croix : « Un solo pensamiento del hombre vale mas que todo el mundo ; por tanto solo Dios es digno de el » (*Dichos de luz y amor*, 34 ; trad. P. Cyprien, *Les Maximes*, 51).

oblige à remonter à cette sorte de racine commune habituellement appelée « intelligence », ou « pensée ».

2 – Difficultés et questions de méthode

Un *caveat* s'impose au départ : réfléchir sur la pensée elle-même est difficile. Nous interrogeant sur l'être de cette table, de cet arbre ou de cet éléphant, nous faisons face à un être « objectif », là devant nous, que nous pouvons mesurer, jauger, analyser jusqu'en ses constituants ultimes, et c'est ce que tentent avec un succès croissant, si insuffisant soit-il encore, les sciences expérimentales.

Notre propre corps – que nous connaissons du dedans, pour ainsi dire, comme le démontre notre sensibilité ou, si on veut, notre expérience interne d'activités vitales telles toucher, voir, entendre, percevoir que nous percevons, imaginer, nous souvenir, nous angoisser, et, bien plus encore, aimer, et le reste – nous pouvons aussi le traiter comme un objet, le palper et l'ausculter, le scruter sur le mode expérimental de la médecine hippocratique depuis deux millénaires et demi, voire sur celui, plus récent, de la biologie moléculaire, de la génétique ou de la neurophysiologie, puis essayer tant bien que mal d'accorder ensemble ces deux perspectives, celle du corps propre (celui dont j'éprouve la vie) et celle du corps objet. Même si mon propre visage échappe à ma vue (son nom même le rappelle : il est donné à la vision de l'autre; même connotation dans le mot « face »), tout comme mes yeux eux-mêmes, il me reste le truchement d'un miroir, d'une photographie ou d'un film, ou encore la pupille d'autrui, comme le rappelle une page remarquable de l'*Alcibiade* platonicien[5]. Semblablement, notre système nerveux, constamment éprouvé dans ses effets, n'en est pas moins par ailleurs une portion du monde physique observable et analysable; la neurobiologie révèle un objet physique éminemment complexe : quelque cent milliards de neurones, chacun d'entre eux à son tour une structure complexe ayant jusqu'à soixante mille connexions avec d'autres neurones.

Or quand nous interrogeons, en revanche, l'être de la pensée, rien n'apparaît plus insaisissable. La question visant la nature de la pensée n'aurait pas de sens si nous ne pensions pas, et n'a de sens que pour autant que nous en reconnaissions la manifestation dans notre propre expérience interne. Car c'est en nous que

5. Cf. Platon, *Alcibiade*, 132 c et sq.

se vérifie l'être de la pensée. Jamais nous ne la voyons à l'extérieur. Certes il y a les artefacts et les mots qui sont là comme autant d'effets sensibles et de signes de sa présence. Mais elle demeure en retrait, à l'instar de la nature elle-même qui, selon le mot profond d'Héraclite, *kruptesthai philei,* « aime se cacher[6] ». Si nous pouvons parfois la lire sur le visage ou dans les paroles d'autrui, par exemple, ou la déceler dans un texte, c'est uniquement par rapport à notre propre expérience intime d'une activité qui n'a de cesse en nous à l'état d'éveil. Aussi Platon pouvait-il soutenir que la pensée n'est qu'un dialogue silencieux de l'âme avec elle-même, ce qui a donné lieu à des développements pénétrants de Hannah Arendt et, plus récemment encore, de Jean-François Mattéi[7].

La pensée est toujours déjà là, semblant se prévenir elle-même ; toujours elle

6. Héraclite, dans *Die Fragmente der Vorsokratiker,* édité par H. Diels et Walther Kranz, Berlin, Weidmannsche Verlagsbuchhandlung (désormais DK), 1952, 22 B 123.
7. *Théétète,* 189 e, trad. A. Diès. Cf. *Le Sophiste,* 263 e-264 b. Cf. Hannah Arendt, *La vie de l'esprit. I. La pensée* (1978), Paris, Presses Universitaires de France, 1981 ; et Jean-François Mattéi, *L'énigme de la pensée,* Nice, Les Paradigmes, coll. « Chemins de pensée », 2006.

précède l'acte même par lequel elle tente de se saisir, au point de paraître devoir nous entraîner dans une impossible récession à l'infini. Il y a d'abord la difficulté que formulait Platon dans le *Charmide* : l'objet propre d'une connaissance n'est-il pas toujours différent d'elle-même ? La vue ne peut voir la vue, celle-ci n'ayant pas de couleur, ni l'audition s'entendre elle-même qui n'est pas un son[8]. Mais plus précisément encore, il y a la difficulté qu'illustrait utilement le scepticisme antique dans l'aporie célèbre de Sextus Empiricus : « Si l'intelligence se perçoit elle-même, ou bien c'est elle tout entière qui se perçoit, ou bien elle se perçoit par quelque partie d'elle-même. Or, le premier cas est impossible ; car si c'est elle tout entière qui se perçoit, elle sera tout entière perception et percevante, et, si elle est tout entière percevante, il n'y aura plus rien qui soit perçu. Mais qu'il y ait percevant sans qu'il y ait objet de perception est on ne peut plus absurde. L'intelligence ne peut davantage user d'une partie d'elle-même pour se percevoir : car, comment cette partie se percevra-t-elle elle-même ? Est-ce cette partie tout entière qui se perçoit ? Elle n'a plus alors rien à percevoir. Est-ce par une partie d'elle-même ? On

8. Cf. Platon, *Charmide*, 166 a sq. ; 167 c sq.

demande alors comment cette partie se perçoit, et ainsi à l'infini[9] ».

Il n'y a dès lors pas lieu de s'étonner de l'essor récent, non pas seulement des neurosciences, mais aussi des sciences dites cognitives, et de la fascination qu'exerce depuis plusieurs décennies l'intelligence artificielle. En réduisant l'intelligence, ou la pensée, à des processus neuronaux, ou mieux, à quelque modèle inventé par nous, donc maîtrisé de surcroît, voilà l'insaisissable, la nature, la vie même, le subjectif par excellence, tous domptés en apparence et réduits au statut d'objets. « L'intelligence n'est rien d'autre que... », « Mind is nothing but... » – nous n'en sommes d'ores et déjà guère à un réductionnisme près.

Pour peu cependant qu'on ajoute la psychologie, la linguistique, l'éthologie, la paléoanthropologie et quantité d'autres approches actuelles de la raison humaine, sans parler des diverses écoles philosophiques, puis qu'on mette bout à bout les points de vue exclusifs de chacune, quelle abondance d'éclairages ! Chaque réduction fait fi de l'autre et la dénonce. Cela ne devrait-il pas faire pressentir à nouveau

---

9. Sextus Empiricus, *Adversus mathematicos*, VII, 310-312 (dans certaines éditions : « Contre les Logiciens », I, 310-312).

combien doit être prodigieuse la réalité susceptible de tant de théories diverses et à vrai dire complémentaires?

Comment, en outre, donner tort au philosophe britannique Thomas Nagel quand il écrit : « The more we learn about the brain the clearer it is how little we understand its embodiment of the mind »? Ou quand il remarque, à propos de la compréhension du langage et de la mémoire qu'on espère tirer du commencement de géographie du cerveau qu'autorise l'observation de cas pathologiques (par exemple des lésions d'une aire – Broca – de l'hémisphère gauche entraînant une aphasie motrice; ou la perte de l'hippocampe empêchant la constitution de nouveaux souvenirs) : « C'est comme essayer de comprendre comment marche le système politique américain en situant les édifices publics sur une carte de Washington DC[10] ».

Observant de son côté que le premier écrivain à s'amuser avec l'idée de robots fut nul autre qu'un de nos pères à tous, Homère, Karl Popper insistait à juste titre sur le fait qu'il est « particulièrement urgent de réaffirmer [...] l'opinion que les hommes sont en eux-mêmes des fins

---

10. Thomas Nagel, « Is that you, James? », dans *The London Review of Books*, 9, 17 (1er octobre 1987), p. 3.

et non pas seulement des machines[11] ». Le matérialisme est de toute manière dépassé par la physique elle-même : « En réalité, c'est la physique elle-même qui a produit les arguments de loin les plus importants contre le matérialisme classique[12] ».

Husserl avait déjà dit l'essentiel dans sa conférence de 1935 à Vienne, qualifiant de « source de toutes nos détresses » la « conception objectiviste ou psychophysique du monde ». « Il est absurde de conférer à l'esprit une réalité naturelle, comme s'il était une annexe réelle des corps, et de prétendre lui attribuer un être spatio-temporel à l'intérieur de la nature[13] ». Les psychologues, ajoute-t-il, ne remarquent pas assez « qu'ils se présupposent eux-mêmes à titre préalable ». « Son objectivisme interdit absolument à la psychologie d'inclure dans son thème de réflexion l'âme, le moi qui agit et souffre, pris en son sens le plus propre et le plus essentiel ».

---

11. Cf. Karl R. Popper and John C. Eccles, *The Self and its Brain*, London, Springer International, 1977, p. 3 sq. Les renvois à Homère sont à deux passages du livre 18 de l'Iliade : 373-377 et 417-420.
12. *Ibid.*, p. 6.
13. Edmund Husserl, *La crise de l'humanité européenne et la philosophie*, trad. Paul Ricœur, Édition bilingue, Paris, Aubier Montaigne, 1977, p. 83.

Et plus loin, « partout à notre époque se manifeste le besoin pressant d'une compréhension de l'esprit ». Les derniers mots de sa conférence étaient « car seul l'esprit est immortel » (*Denn der Geist allein ist unsterblich*)[14]. S'il a raison, on voit ici la philosophie retrouver sa vocation de préparation à la mort, selon la définition léguée à la tradition par Platon : la philosophie est *meletê thanatou* – en latin, *meditatio mortis.* Ce serait au reste dans l'esprit même de Platon, puisque c'est avec une préoccupation analogue, on s'en souvient, que ce dernier s'interrogeait sur l'âme ou l'intelligence dans le *Phédon*[15].

D'où peut cependant bien venir l'assurance de tant de philosophes et de penseurs éminents, qu'on retrouve au demeurant chez le commun des mortels, pour s'opposer aussi résolument à la réduction de la pensée à une mécanique et à du spatio-temporel? Comment peuvent-ils savoir de quoi ils parlent avant d'avoir même défini la pensée?

C'est que les difficultés relevées dans ce qui précède sont en réalité largement compensées par l'extraordinaire et paradoxale certitude dont nous jouissons quant à nous-mêmes, la pensée y incluse.

---

14. *Ibid.*, p. 89; p. 91; et p. 104.
15. Cf. Platon, *Phédon,* 81 a; et 67 d-c.

Ce qu'on a appelé le *cogito* augustinien le mettait déjà excellemment en relief. *Si enim fallor, sum.* « Si je me trompe, je suis. Qui n'est pas, ne peut se tromper ; donc, je suis si je me trompe. » Chacun connaît la suite de cette page justement célèbre du *De Civitate Dei*, où on lit encore : « Donc, comme je serais moi qui me tromperais, quand même je me tromperais, toutefois en tant que je connais que je suis, indubitablement je ne me trompe point. » Et plus loin : « De même que je connais que je suis, je connais aussi que je me connais[16] ».

Le *De Trinitate* de saint Augustin est plus explicite encore, touchant des actes de l'esprit comme se souvenir, comprendre (*intelligere*), vouloir, penser (*cogitare*), savoir, juger. Même si quelqu'un « doute, il vit ; s'il doute d'où vient son doute, il se souvient ; s'il doute, il comprend qu'il doute ; s'il doute, il veut arriver à la certitude ; s'il doute, il pense ; s'il doute, il sait qu'il ne sait pas ; s'il doute, il sait qu'il ne faut pas donner son assentiment à la légère. On peut donc douter du reste, mais de tous ces actes de l'esprit, on ne doit pas douter ; si ces actes n'étaient pas, impossible de douter de quoi que ce soit[17]. »

---

16. Saint Augustin, *De Civitate Dei*, XI, c. 26 (trad. Moreau).
17. Saint Augustin, *De Trinitate*, livre X, c. 10, n. 14 (trad. P. Agaësse).

Bref, nous connaissons avec la plus grande certitude l'existence de la pensée et l'activité de penser du fait que nous en avons l'expérience interne. Mais de là à savoir énoncer clairement sa nature, la distance n'en est pas moins grande. Il n'est pour s'en convaincre que de constater non pas tant notre propre perplexité que la disparité évidente, l'incompatibilité même en certains cas, des réponses proposées au travers de l'histoire. Rien de surprenant, étant donné les difficultés relevées.

3 – Sagesse du langage ordinaire et sens des mots

Il convient de s'arrêter d'abord au langage servant à désigner ou exprimer la pensée, et de tirer profit de la sagesse inscrite dans la langue ordinaire.

Le verbe français « penser » vient du latin *pensare,* signifiant proprement « peser, juger », et fréquentatif de *pendere* « peser ». Voilà qui suggère d'emblée un rapport significatif à la réalité : le poids appartient aux choses, il est un moyen d'en établir la valeur réelle, comme le révèle la locution *valoir son pesant d'or.* Nous disons encore « tout bien pesé », au sens d'« après mûre réflexion », et « peser le pour et le contre », où l'on aperçoit l'image de la balance et de l'équilibre en même temps que l'idée de justice reliée à celle de la considération des opposés.

« Intellect » ou « intelligence » proviennent pour leur part du latin *intelligere*. On proposait autrefois l'étymologie *intus-legere*, « lire dedans, à l'intérieur », évoquant une connaissance de la chose dans son intimité. Les spécialistes préfèrent aujourd'hui *inter*, « parmi » et *legere*, au sens de « cueillir », « rassembler », « trier », et au sens de « lire », ce qui éclaire davantage encore. *Legere* se rattache du reste au grec *legein* (« dire »), duquel est dérivé *logos*, « parole », « raison ». « Rassembler » évoque unification, « trier » implique discernement, de même que « cueillir », lequel renvoie en outre à « recueillement ». Heidegger a fortement marqué ce dernier trait, ainsi que l'importance de ce premier sens de *legere* dans divers textes bien connus[18]. Il invite en même temps à des rapprochements entre *Denken* (« penser » en allemand courant) et le mot ancien-haut-allemand « Gedanc ». « Le "Gedanc" signifie : l'âme, le cœur, le fond du cœur, le plus intérieur de l'homme, qui s'étend le plus loin dans le plus extérieur (...) ». Il fait

18. Cf. Martin Heidegger, *Qu'appelle-t-on penser ?*, trad. A. Becker et G. Granel, Paris, Presses Universitaires de France, 1959, p. 192 ; cf. 184 sq., 190 et 256 sq. ; et *Essais et conférences*, trad. A. Préau, Paris, Gallimard, 1958, p. 251 sq.

venir à l'esprit, dit-il, *Denken* et *Gedaechtnis*, « pensée » et « mémoire », ainsi que *Denken* et *Dank*, « pensée » et « reconnaissance ». « Le *Gedanc*, le don du cœur, est le rassemblement de tout ce qui nous concerne, qui nous atteint, qui nous intéresse – nous dans la mesure où nous sommes hommes. » Le don le plus haut qui nous soit fait est notre être propre, « la plus haute reconnaissance serait donc probablement la pensée? Et la plus profonde ingratitude, le divertissement[19]? »

Cela dit, l'analogie de la lecture m'a toujours semblé particulièrement juste. On a beau scruter les caractères d'un texte qu'on a sous les yeux, il y a un sens obvie selon lequel on ne voit rien si on ne sait pas lire et qui correspond à l'être dépourvu d'intelligence. Les gens de bon sens disent « il n'a pas d'yeux pour voir » pour désigner celui qui est coupé d'une réalité ou l'autre. Celui ou celle qui sait lire discerne parmi le divers l'unité qui donne sens et la dégage, reconnaissant un ordre invisible mis là pour lui, mais totalement inexistant aux yeux de l'analphabète.

Le grec, pour finir, n'est pas moins éloquent. Parmi les tout premiers sens du mot *noûs* relevés aujourd'hui, je me contenterai de retenir ici ceux qu'a marqués Kurt von Fritz en des travaux qui font toujours

19. *Qu'appelle-t-on penser ?*, p. 237 ; et p. 149.

autorité. Tout comme Schwyzer, il fait remonter *noûs* à la racine originelle *snu* signifiant « flairer », qui connote aussi « pressentir[20] ». Chez Homère, *noûs* a le sens fondamental d'une réalisation soudaine à l'occasion d'une perception, la prise de conscience d'une situation importante à grand impact émotif. Réaliser par exemple que cette personne apparaissant sous les traits d'une vieille femme est en réalité la déesse Aphrodite, où il ne s'agit évidemment pas d'une constatation plus claire de sa figure externe, mais bien d'une saisie de sa vraie nature au-delà de l'apparence. Ou encore cet homme qui semblait mon ami, voici que mon *noûs* me permet d'entrevoir tout à coup qu'il s'agit en réalité d'un ennemi. Von Fritz souligne qu'en de tels cas « la prise de conscience de la vérité vient toujours comme une intuition soudaine : la vérité est soudainement "vue"[21] ».

---

20. Kurt von Fritz, « Nous and Noein in the Homeric Poems », dans *Classical Philology*, 38 (1943), p. 79-93. Schwyzer, « Beitraege zur griechischen Wortforschung », dans *Festschrift Paul Kreischmer*, New York, 1926, p. 244-251.
21. « Nous, Noein and their Derivatives in Presocratic Philosophy (excluding Anaxagoras) », dans *Classical Philology*, 40 (1945), p. 223-242 ; 41 (1946), p. 12-34 ;

On aura compris, par le choix des mots qui précède, que j'invite à concentrer la réflexion sur l'intelligence (*noûs*) plutôt que sur la raison (*logos*). Pareille préférence pour l'intelligence n'implique nullement un mépris de la logique ; elle veut au contraire lui accorder tout son dû, qui dépend justement de l'activité préalable de l'intelligence. C'est peut-être ce que Heidegger entendait en déclarant : « (...) la Raison (*Vernunft*) est l'ennemie la plus acharnée de la pensée (*Denken*)[22] ».

On se souvient de l'histoire du malade mental pêchant dans une baignoire, auquel le médecin dit : « Et si ça mordait. » « Mais non, imbécile, répond le patient, puisque c'est une baignoire. » Une logique impeccable ne l'empêchait pas de continuer à pêcher dans cette baignoire. Le problème est l'absence de contact avec la réalité. Dans l'essai profond qui clôt *Le mythe de Sisyphe*, Albert Camus rapproche cette histoire de l'œuvre de Kafka : « Si Kafka veut exprimer l'absurde, c'est de la

repris dans *The Presocratics, A Collection of Critical Essays*, edited by Alexander P. D. Mourelatos, New York, Anchor Books, Doubleday, 1974, p. 23-85 ; cf. p. 24-26.

22. *Holzwege*, 5e édition, Frankfurt am Main, Klostermann, 1972, p. 247 ; *Chemins qui ne mènent nulle part*, trad. Wolfang Brokmeier, Paris, Gallimard, 1962, p. 219.

cohérence qu'il se servira[23] ». Chesterton a vu juste : « Le fou n'est pas celui qui a perdu sa raison. Le fou est celui qui a tout perdu sauf sa raison[24] ».

Aristote ne manquait pas d'associer lui-même le mot *kenos,* « vide », au mot « logique » ou à l'un de ses synonymes; en des formules telles *logikôs kai kenôs,* ou *dialektikôs kai kenôs*[25]. Quel sens donner à ces connotations péjoratives du mot « logique » (de noble extraction, si on songe à *logos*), sous la plume pourtant de celui qu'on considère comme le fondateur de la discipline de ce nom? Le court texte suivant suffit à l'expliquer : « Un aveugle de naissance peut raisonner (*sullogisaito,* « syllogiser ») sur des couleurs; pour de telles gens, nécessairement, il y a raisonnement (*logos*) sur des mots, mais il n'y a pensée de

---

23. Albert Camus, *Le mythe de Sisyphe,* Paris, Gallimard, 1942, p. 179.
24. G. K. Chesterton, *Orthodoxie,* trad. Anne Joba, Paris, Gallimard, coll. « Idées », 1984, p. 27.
25. Cf., par exemple, *Éthique à Eudème,* I, 6, 1216 b 40-1217 a 4, et I, 8, 1217 b 21; *Génération des animaux,* II, 8, 748 a 8; *De Anima,* I, 1, 403 a 2, puis 24 sq.; cf. aussi *Métaphysique,* A, 9, 991 a 20-22; 992 a 28; Z, 4, 1029 b 13; livre *Lambda,* 1, 1069 a 26-28; M, 4, 1089 b 25; *Éthique à Nicomaque,* II, 7, 1107 a 30.

rien (*noein de mêden*)[26] ». Voici donc une opposition très nette, non équivoque, entre « raisonnement » ou « discours » (*logos*) et « pensée » ou « intelligence » (*noûs*). Nous voilà, à vrai dire, au cœur de notre sujet. Qu'est-ce donc en effet que cette « pensée » en l'absence de laquelle il n'y a plus de raisonnement véritable ?

4 – Manifestations externes de la pensée

Dans l'espoir de mieux répondre à pareille question, arrêtons-nous d'abord à quelques-unes des manifestations externes les plus évidentes de la pensée humaine.

I – La main

Au lieu des pattes de devant, d'un inamovible moyen de défense, d'une spécialité instrumentale, d'organes qui ne savent faire qu'une chose, l'homme possède des mains, c'est-à-dire des organes capables de subvenir à une variété illimitée de fonctions. La formule d'Aristote est manifestement juste, la main est « l'outil des outils », « l'instrument des instruments[27] ». Grâce à elle, nous sommes en mesure de toucher

26. Aristote, *Physique*, II, 1, 193 a 8-10.
27. Aristote, *De Anima*, III, 8, 432 a 1-2 ; cf. *De Part. An.*, IV, 10, 687 a 19-21.

les planètes et d'atteindre les étoiles mêmes; la patte du singe ne gagnerait la lune que par la vertu de la main.

Il est évident que sans la main, l'homme serait incapable d'arts. Il n'est que de l'imaginer dénué de mains ou de leur équivalent pour le voir : si nous étions tous sans mains, nous nous découvririons dans l'impuissance de produire en une matière extérieure ce que nous concevons et ce que nous voulons. L'homme serait l'animal le plus indigent qui soit, inapte à s'assurer même la nourriture. Or c'est tout le contraire, comme l'a excellemment résumé Darwin, à la suite d'Aristote : « L'homme n'aurait pas pu parvenir à sa position dominante actuelle sans l'usage de ses mains, qui sont si admirablement adaptées pour agir en conformité avec sa volonté. Sir C. Bell insiste sur le fait que "la main fournit tous les instruments, et, par sa correspondance avec l'intellect, lui assure une maîtrise universelle"[28] ».

Paul Valéry s'émerveillait avec raison devant « cet organe extraordinaire en

---

28. Charles Darwin, *The Descent of Man*, Second edition (1879), Part I, Chapter II, London, Penguin Books, 2004, p. 71 ; sur l'extraordinaire flexibilité et souplesse de la main et la disposition naturelle aux arts qu'elle révèle, cf. Cicéron, *De Natura Deorum*, II, 60.

quoi réside presque toute la puissance de l'humanité, et par quoi elle s'oppose si curieusement à la nature, de laquelle cependant elle procède. Il faut des mains pour contrarier par-ci, par-là, le cours des choses, pour modifier les corps, les contraindre à se conformer à nos desseins les plus arbitraires. Il faut des mains, non seulement pour réaliser, mais pour concevoir l'invention la plus simple, sous forme intuitive. Songez qu'il n'est peut-être pas, dans toute la série animale, un seul être autre que l'homme, qui soit mécaniquement capable de faire un nœud de fil ; et observez, d'autre part, que cet acte banal, tout banal et facile qu'il est, offre de telles difficultés à l'analyse intellectuelle que les ressources de la géométrie la plus raffinée doivent s'employer pour ne résoudre que très imparfaitement les problèmes qu'il peut suggérer[29] ».

Non seulement l'homme a-t-il la capacité de créer dans la matière une infinité d'objets matériels utiles – et inutiles –, mais il a aussi celle d'inventer des mains artificielles, à supposer que ses mains naturelles soient amputées ou atrophiées. La cause principale de ses outils, la source de

29. Paul Valéry, dans *Œuvres complètes*, Paris, Gallimard, coll. « Bibliothèque de la Pléiade », 1957, vol. 1, p. 918-919.

sa puissance inouïe, le principe premier de toutes les aptitudes des mains, des arts dont il vit, n'est donc assurément pas la main elle-même ; c'est précisément ce que tous dénomment l'intelligence, plus spécialement l'intelligence pratique. À voir fonctionner la main on ne peut pas ne pas la rapporter à l'intelligence. La main se porte spontanément à la tête afin de la protéger – jamais l'inverse ne se produit – révélant, par ce mécanisme immanent, à la fois l'ordre qui est profondément inscrit dans cette matière vivante et sa propre raison d'être.

Homo Faber, « Man the Tool-Maker », l'« animal technologique » et autres dénominations de la capacité, spécifique à l'homme, d'imprimer en la matière une infinité de formes – tout cela vise, en somme, l'intelligence assistée de la main. Karl Marx le laissait entendre lorsqu'il écrivait : « Ce qui distingue dès l'abord le plus mauvais architecte de l'abeille la plus experte, c'est qu'il a construit la cellule dans sa tête avant de la construire dans la ruche. » Bergson allait jusqu'à déclarer que « l'intelligence, envisagée dans ce qui en paraît être la démarche originelle, est la faculté de fabriquer des objets artificiels, en particulier des outils à faire des outils, et d'en varier indéfiniment la fabrication ». En un mot, s'il était intelligent, l'animal « aurait depuis longtemps multiplié des inventions et développé un système de constructions internes qui ne sauraient échapper à notre observation[30] ».

II – La langue

Mais il y a bien plus que la main. De l'avis même autant des paléontologues contemporains que des anciens qui se sont interrogés sur la formation de l'homme, l'utilité principale de la station verticale et du dégagement de la main qui s'ensuit, est la libération de la langue, car elle rend possible l'élocution. « La main qui libère la parole, c'est exactement ce à quoi aboutit la paléontologie », écrivait André Leroi-Gourhan après avoir cité l'extrait que voici du *De Hominis Opificio* de saint Grégoire de Nysse : « Ainsi c'est grâce à cette organisation que l'esprit, comme un musicien, produit en nous le langage et que nous devenons capables de parler. Ce privilège, jamais sans doute nous ne l'aurions, si nos

30. Karl Marx, *Le Capital*, Livre premier, Troisième section, ch. VII, trad. Roy-Rubel, dans *Œuvres*, Gallimard, coll. « Bibliothèque de la Pléiade », Paris, 1965, I, p. 728; Bergson, *L'évolution créatrice*, Paris, Alcan, 1932, p. 151. Pour d'autres développements relatifs à la main, cf. mon livre *De la dignité humaine*, Paris, Presses Universitaires de France, coll. « Quadrige », 2002, p. 91-113.

lèvres devaient assurer, pour les besoins du corps, la charge pesante et pénible de la nourriture. Mais les mains ont pris sur elles cette charge et ont libéré la bouche pour le service de la parole[31] ».

Saint Grégoire déclarait en outre :

> Pourtant c'est avant tout pour le langage que la nature a ajouté les mains à notre corps. Si l'homme en était dépourvu, les parties du visage auraient été formées chez lui, comme celles des quadrupèdes, pour lui permettre de se nourrir; son visage aurait une forme allongée, amincie dans la région des narines, avec des lèvres proéminentes, calleuses, dures et épaisses, afin d'arracher l'herbe; il aurait entre les dents une langue tout autre que celle qu'il a, forte en chair, résistante et rude, afin de malaxer en même temps que les dents les aliments; elle serait humide, capable de faire passer ces aliments sur les côtés, comme celles des chiens ou des autres carnivores, qui font couler les leurs au milieu des interstices des dents. Si le corps n'avait pas de main, comment la voix articulée se formerait-elle en lui? La constitution des

31. André Leroi-Gourhan, *Le geste et la parole*, Paris, Albin Michel, 1964, I, XX, p. 40; saint Grégoire de Nysse, *Traité de la création de l'homme*, c. 10, 152 b; trad. Laplace, p. 117.

> parties entourant la bouche ne serait pas conforme au besoin du langage. L'homme, dans ce cas, aurait dû bêler, pousser des cris, aboyer, hennir, crier comme les bœufs ou les ânes ou faire entendre des mugissements comme les bêtes sauvages[32].

Dans les termes d'André Leroi-Gourhan, à son tour :

> Pour les Ongulés, c'est exactement ce que démontrent la Paléontologie et la Zoologie actuelles : l'absence d'intervention de la main est en effet compensée par une spécialisation faciale aux modalités extrêmement variées. Non seulement trouve-t-on dans l'organisation de la denture des formes extrêmement compliquées comme la dent du cheval ou celle de l'éléphant, mais aussi voit-on dans les autres organes faciaux une grande diversité de structures qui peut en quelque sorte compenser la déficience du membre antérieur. Ce sont les appendices de préhension ou de défense, ceux qui remplacent directement la main ou les canines, qui connaissent le plus de développement ; il suffit de citer les lèvres extensibles du lamantin, la trompe qui apparaît dans un nombre considérable d'espèces vivantes ou fossiles, depuis celle

---

32. *Traité de la création*, c. 9, 148 d-149 a ; trad. Laplace, p. 112-113.

> du tapir jusqu'à celle de l'éléphant, les cornes nasales dont les rhinocéros sont les derniers possesseurs dans le monde actuel, les canines transformées en boutoirs, les groins, les cornes ou les ramures frontales des ruminants[33].

Bref, si son corps était incliné vers l'avant, et que par suite ses membres antérieurs étaient des pieds, lui fournissant l'appui désormais nécessaire, l'homme serait obligé de prendre sa nourriture immédiatement avec sa bouche. Si bien que sa bouche serait oblongue, ses lèvres dures et épaisses, sa langue elle-même forcément rugueuse pour ne pas être constamment blessée, comme c'est le cas chez les autres animaux. Or cela rendrait toute parole impossible. On peut par conséquent conclure, avec Grégoire de Nysse : « Aussi les mains sont bien la caractéristique évidente de la nature rationnelle : le modeleur de notre nature nous rend par elles le langage facile[34] ».

Quel est cependant le lien qui unit intelligence et parole ?

Goethe exprime un sentiment universel lorsqu'il écrit : « Il me semblait que puisque Dieu a créé les hommes, le don de

---

33. *Le geste et la parole*, I, p. 55-56.
34. *Traité de la création*, c. 8, 149 a ; trad. Laplace, p. 113.

la parole devait être inné chez eux, aussi bien que la faculté de marcher la tête levée (...). Je me disais : Si l'homme est d'origine divine, la langue l'est aussi, s'il n'est qu'un produit fortuit de la nature, la langue est fortuite et naturelle comme lui; en un mot, il ne m'était pas plus possible de séparer l'homme de la langue que de séparer l'âme du corps[35] ».

Entre les propriétés de l'homme, nulle en effet n'est aussi universellement reconnue que l'aptitude à parler. L'étymologie bien connue du mot *logos,* lequel imprègne nos langues, manifeste déjà combien les hommes associent naturellement parole et intelligence[36]. La conception courante veut que ce *Zoon logikon,* l'*animal rationale,* soit d'abord l'animal capable de parler. L'animal pensant est celui qui interroge, définit, affirme, nie, est d'accord ou diffère d'opinions, argumente. Le psittacisme est l'apanage des êtres qui ne pensent pas.

35. Goethe, *Dichtung und Warheit,* II, 10, dans *Werke,* éd. Blumenthal-Trunz, vol. IX, p. 406 (Hamburg, Wegner, 5e édition, 1964) ; trad. La Baronne A. de Carlowitz, Paris, Fasquelle, 1855, vol. 1, p. 229.

36. Sur le mot *logos,* voir surtout H. Boeder, « Der frühgriechische Wortgebrauch von Logos und Aletheia », dans *Archiv für Begriffsgeschichte,* 1958, p. 82-112.

L'avis des philosophes et des savants qui se sont interrogés sur la question ne contredit pas le sens commun relativement au langage comme exclusif à l'homme. Le désaccord ne surgit, ici comme ailleurs, que lorsqu'il s'agit d'interpréter cette caractéristique. Les savants soucieux du problème semblent partager à l'unanimité la conclusion que l'homme est unique à se servir de mots, de syntaxe et de propositions. Ceci comprend non seulement des paléontologues, mais également des biologistes, des neurologues, des psychologues du comportement, des sociologues, des anthropologues et des spécialistes en éthologie[37]. Quant aux philosophes, depuis Héraclite au moins, il serait difficile d'en trouver qui n'accorderaient sans ambages à Descartes que « c'est une chose bien remarquable qu'il n'y a point d'hommes si hébétés et si stupides, sans en excepter même les insensés, qu'ils ne soient capables d'arranger ensemble diverses paroles, et d'en composer un discours par lequel ils fassent entendre leurs pensées ; et qu'au contraire, il n'y a point d'autre animal,

37. La situation n'a guère changé à cet égard depuis l'enquête menée par Mortimer J. Adler, dont on trouve les résultats dans *The Difference of Man and the Difference it Makes*, New York, Holt, Rinehart and Winston, 1967.

tant parfait et tant heureusement né qu'il puisse être, qui fasse le semblable[38] ».

Somme toute, si l'éléphant, en dépit de son admirable trompe, n'a jamais rien inventé, au sens où cet autre animal, l'homme, a inventé une infinité de choses, il n'a jamais rien dit non plus. La cause en est probablement qu'il n'a rien à dire. L'indigence de son verbe est aussi totale que celle de son faire. Il est, osons le prétendre, le dernier à s'en offusquer.

Celui qui parlerait du « dialogue » d'un perroquet avec son maître sans y voir la métaphore, c'est-à-dire le sens impropre, se compare à celui qui prendrait au pied de la lettre des expressions comme « le vent siffle » ou « Rumour is a pipe[39] ». À l'instar d'un Donald Duck parlant ou d'un ruban sonore, le perroquet peut émettre des sons intelligibles à l'homme, mais dont la signification procède entièrement de ce dernier. Nul autre que l'homme,

---

38. *Discours de la méthode,* Cinquième partie, dans *Œuvres,* édition Adam et Tannery, VI, p. 57 (Paris, Vrin, 1982).

39. Cf. Shakespeare, *King Henry IV,* Part II, Induction, 15-20 : « Rumour is a pipe / Blown by surmises, jealousies, conjectures, / And of so easy and so plain a stop / That the blunt monster with uncounted heads, / The still-discordant wavering multitude, / Can play upon it ».

dans la nature, n'est « symbol-maker », ainsi que le rappelait Dobzhansky, à la suite de Pavlov et Cassirer[40]. De même, les symboles auxquels obéissent nos machines – ordinateurs et autres – dépendent de cette faculté insigne qu'a l'être humain de donner un sens à ce qui, laissé à soi, n'en a pas, ou en a un autre. Car ces machines sont entièrement conditionnées par la lecture, bref par l'*usage* que nous en faisons.

A. L. Kroeber l'avait bien fait ressortir : tandis qu'un enfant peut inventer un « langage », un chien, par contre, « peut pousser et "comprendre" tellement de sons qu'il "parle presque", mais il n'y arrive pas ; ses sons sont le plus souvent des débordements émotifs, peut-être comparables à nos monosyllabes explétives » ; il n'est guère « susceptible de modifier arbitrairement leurs sens ou de transmettre la modification à sa progéniture[41] ».

Voilà qui n'explique cependant pas que l'homme jouisse de cette propriété. Qu'y a-t-il en la parole qui dépasse la bête ? Répétons-le, en quoi la parole va-t-elle de pair avec l'intelligence ?

---

40. Cf. Theodosius Dobzhansky, *Mankind Evolving*, Yale, 1962, p. 208 sq.
41. Cf. *ibid.*, p. 209 ; et F. J. J. Buytendijk, *L'homme et l'animal*, Paris, Gallimard, coll. « Idées », 1965, p. 163 sq. et 117 sq.

Voici un début de réponse. « Qui dit homme, dit langage, et qui dit langage dit société », écrivait Claude Lévi-Strauss dans *Tristes tropiques.* Et dans l'*Anthropologie structurale* : « (...) le langage est à la fois le *fait culturel* par excellence (distinguant l'homme de l'animal) et celui par l'intermédiaire duquel toutes les formes de la vie sociale s'établissent et se perpétuent[42] ». Que la parole soit le ciment de la société d'institution humaine, rien, effectivement, n'est plus patent.

Promulguer des lois ne peut être le fait que d'un animal chez qui la vie raisonnable prime ses autres activités. La codification rend visible cette primauté, en marquant publiquement – sous forme gravée ou écrite, donc de la manière la plus délibérée, manifeste et permanente possible –, aussi bien la condamnation d'actions barbares, où domine l'irrationnel, que la responsabilité et, partant, la liberté de chacun. Elle affirme expressément les biens raisonnables – la justice, par exemple – que des hommes désirent voir gouverner concrètement leur existence commune, au point de sacrifier, s'il le faut, leur vie pour les défendre.

42. Claude Lévi-Strauss, *Tristes tropiques*, Paris, Plon, 1955, p. 421 ; *Anthropologie structurale*, Paris, Plon, 1958, p. 392.

Seul l'homme institue des cours de justice et se gouverne par des lois positives. Les lois codifiées sont un signe nécessaire d'une condition naturelle qui n'est point celle qu'on reconnaît aux autres animaux, lesquels ne sauraient qu'en faire; elles révèlent un principe distinct d'action, qui est de toute évidence ce qu'on appelle l'intelligence. En résumé, seul un agent intelligent peut, d'une part, promulguer des lois positives, d'autre part, s'en réclamer. « Tel est, en effet, notait Aristote, le caractère distinctif de l'homme en face de tous les autres animaux : seul il perçoit le bien et le mal, le juste et l'injuste, et les autres valeurs; or c'est la possession commune de ces valeurs qui fait la famille et la cité[43]. » Le fait que les lois soient parfois injustes, ou que telle nation puisse, par exemple, ne pas considérer le vol comme répréhensible, ne change rien à ce caractère.

Or la parole est l'indispensable instrument de cette communication. Si bien que l'aptitude innée à la parole est en réalité un signe des plus évidents du fait que l'homme incline naturellement à la vie en société. Pour nous en convaincre,

43. Aristote, *Politique*, I, 2, 1253 a 14-18; trad. Jean Aubonnet, Paris, Les Belles Lettres, 1968.

qu'il suffise de nous imaginer dépourvus de toute aptitude au langage humain sous quelqu'une de ses formes. Où seraient non seulement les sciences et les techniques, mais même notre vie quotidienne, si nous étions réduits à la simple expression de la douleur et du plaisir par les sons de voix, comme d'autres animaux? Resterait-il quelque activité proprement humaine que ce soit? Laquelle?

Par l'intermédiaire du langage, les hommes s'associent, dirigent, commandent, font la paix, déclarent la guerre, renversent l'État, établissent des règles, pensent, planifient, enseignent, apprennent, jugent, discernent le vrai, blasphèment, se divertissent, etc. Il n'y a rien à retrancher, encore aujourd'hui, de ce que constatait Cicéron comme caractéristique du genre humain tout entier : « Le lien de cette société, c'est la raison et la parole (*ratio et oratio*), qui par l'enseignement et l'étude, en permettant de communiquer, de discuter et de juger, associent les hommes entre eux et les unissent dans une sorte de société naturelle. Et rien ne nous éloigne davantage de la nature des bêtes : nous disons souvent qu'elles ont du courage – en parlant des chevaux, des lions – mais nous ne disons pas qu'elles ont le sens de la justice, de l'équité, de la bonté, car elles sont privées de la raison et de la parole[44]. » Une vie se découvre en l'homme qui ne se découvre point chez la bête : une vie en société, non pas grégaire, mais animée par un langage conceptuel.

D'autres aspects du langage humain y font entrevoir l'intelligence. Il y a, en premier lieu, de nouveau l'infinité (déjà manifeste en la main). Les choses dont nous pouvons parler sont infinies en nombre et nature. Selon Milton, dès sa première prise de conscience, Adam constate qu'il peut donner un nom à tout ce qu'il voit :

(...) to speak I tri 'd, and forthwith spake,
My tongue obey'd and readily could name
What e're I saw[45].

Mais mieux encore, nous sommes en mesure de nommer à volonté des êtres matériels et immatériels, concrets et abstraits, qu'ils existent réellement ou non; nous pouvons les nier tous également. Nous disons Dieu. *Iam vero domina rerum, ut vos soletis dicere*, écrit Cicéron, *eloquendi vis quam est praeclara quamque divina*[46], ce qu'on

---

44. Cicéron, *De Officiis,* I, XVI, 50, trad. Maurice Testard, Paris, Les Belles Lettres, 1974, p. 129-130.
45. *Paradise Lost,* VIII, 271-273, dans *The Poetical Works of John Milton,* éd. Beeching et Skeat, Oxford, 1938.
46. *De Natura Deorum,* II, 59, 148.

peut traduire comme suit : « Et cette reine des réalités, comme vous aimez l'appeler, la puissance de la parole, quelle faculté splendide et divine à la fois ! » Bref, nous pouvons prononcer tout ce qui *est* et *n'est pas* – *ad infinitum.* Par contraste avec la nôtre, la bouche du singe a l'air toujours pleine. Sur le plan pratique, les mots ont à débrouiller une infinité de situations contingentes, aux détails inépuisables. D'autre part, déjà la langue, organe physique principal de l'élocution, est si libre et si absolue, qu'elle est capable de combiner et d'émettre toutes sortes de sons. Les phonèmes admettent une infinité de combinaisons. Les lettres pareillement : qu'on songe un instant à la diversité de leurs compositions dans la Bibliothèque nationale. Et n'oublions pas l'infinité de la mode, dans la langue écrite et parlée comme ailleurs. Point de limite, non plus, en mathématiques, à l'invention de systèmes « axiomatiques », que la langue pourra exprimer.

On comprend dès lors qu'on ne trouve pas entre les sons *arbre,* ou *tree* ou *Baum,* par exemple, et leur signification, le rapport invariable qu'on rencontre entre le barrissement de colère de l'éléphant et ce qu'il signifie – ou dans le hurlement affamé du loup, dans l'appel de la femelle de l'orignal. Pour que le mot soit un signe naturel au même titre que nos gémissements, il nous faudrait une bouche incommensurable, une quantité incalculable d'organes de locution. Or cette infinité du verbe ne peut venir de rien. *Nil posse creari de nilo*, rappelait Lucrèce[47].

Il y a ensuite la délibération, laquelle occupe une partie importante de notre conversation. Afin que justice soit accomplie, l'homme doit débattre des moyens. La pratique de la justice n'étant pas garantie par la nature, les moyens de la réaliser étant indéterminés, force lui est de chercher conseil. Il en va de même partout où, dans ses actions, figure du doute, de l'indétermination, pour des matières tirant à conséquence. De là les assemblées délibérantes, législatives, les conseils de toutes sortes. La recherche, la résolution de moyens à la lumière de fins, dont témoigne le débat humain, ne se retrouvent nullement chez la bête. Elles ne peuvent, pour lors, être le fait que d'une faculté nouvelle – qui est l'intelligence.

Il y a, enfin, et surtout, l'universalité. Certes il existe un éternel problème des

---

47. Cf. Aristote, *De Partibus Animalium*, II, 17, 660 a 23-25 ; voir l'abondance d'exemples savoureux dans Noah Jonathan Jacobs, *Naming-day in Eden : The Creation and Recreation of Language*, London, Gollancz, 1958 ; et Lucrèce, *De Rerum Natura*, I, 156-157.

universels. Mais justement, nous n'avons pas besoin de sa solution pour voir que le « langage » des bêtes ne le pose point. Qu'est-ce donc, alors, qui le pose ?

Le son de voix de l'animal comme tel concerne toujours cette chose-ci et celle du moment. En revanche, aucun mot dans nos langues ne s'applique qu'à une chose. Chacun se rapporte à plusieurs – certains à toutes, tel le mot « être », qui va jusqu'à se dire du non-être, vu que ce dernier *est* non-être[48]. En outre, notre langage est tourné vers l'avenir et le passé autant que vers le présent ; vers la fin du monde et le dinosaure aussi bien que vers cette injustice qui me préoccupe à l'instant. Et même en considérant celle-ci, je transcende le moment, justice et injustice n'étant jamais de purs singuliers.

S'agit-il de formes séparées subsistant par elles-mêmes, comme le croyait Platon, de « classes » à la Russell, d'êtres de raison ayant ou n'ayant point de fondement dans le « réel » sensible, de nominalisme ou de verbalisme ? Ce n'est pas le lieu d'en discuter. L'important, en l'occurrence, est que toutes les théories relatives aux universels sont issues d'observations au moins

48. Cf. Aristote, *Metaphysica*, livre *Gamma* (IV), c. 2, 1003 b 10.

analogues à celles que nous venons de faire : fût-ce pour exorciser le langage, voire le répudier – ou l'exalter, elles trouvent toutes en lui leur point de départ.

Nulle part ailleurs dans le monde sensible découvre-t-on ce caractère : pour sensibles qu'ils soient, les mots des langues qui nous sont familières ont une signification universelle. En vue de mettre cela en doute, on devra faire usage de mots empruntés à l'une de ces langues : si ceux-ci avaient la prétention de ne signifier qu'un singulier, qui réfuteraient-ils? Or les mots expriment, d'autre part, notre pensée : qui se targuerait du contraire? Et de toute façon, il est flagrant que, malgré qu'il en ait, le négateur pense, s'il nie. Puis, donc, que le principe de la signification universelle des mots, ou celui de leur utilisation, est manifestement absent chez la brute, cependant qu'il est évident en l'homme, on est certainement fondé à affirmer que l'homme se distingue par son intelligence.

III – Humour, mot d'esprit, ironie

À titre de manifestations particulières de la pensée, on ne saurait faire l'économie de celles qui gravitent autour du rire. Je ne crois toutefois pas qu'on doive aller aussi loin que Bergson et dire que le comique « s'adresse à l'intelligence pure[49] ». L'humour, par exemple, comporte une dynamique affective importante et un effet cathartique où l'émotion accumulée se décharge dans le rire. Arthur Koestler l'a bien mis en relief : « L'homme qui rit est à l'opposé du fanatique dont la raison est aveuglée par l'affectivité, et qui est dupe de lui-même[50]. » Mais il est clair que l'intelligence y joue un rôle central. Car tout ce qui entoure le rire implique la saisie de contrastes, l'appréhension simultanée d'opposés contraires, c'est-à-dire les plus éloignés l'un de l'autre, la capacité de se trouver soudain sur deux plans différents en même temps.

Soit qu'on insiste, comme Bergson, sur le « mécanique plaqué sur le vivant » ou, plus profondément, sur le contraste entre le spirituel ou le moral et le physique, où « notre attention est brusquement ramenée de l'âme sur le corps », comme dans cette phrase d'oraison funèbre : « il était vertueux et tout rond[51] ». Soit qu'à l'instar

49. Henri Bergson, *Le rire*, dans *Œuvres*, Édition du Centenaire, Paris, Presses Universitaires de France, 1959, p. 389 et p. 453.

50. Arthur Koestler, *Janus*, ch. VI, trad. Georges Fradier, Paris, Calmann-Lévy, 1979, p. 119-138 ; la phrase citée est à la page 138.

51. Bergson, *op. cit.*, p. 410 et 411.

de Freud on marque le rôle, dans le mot d'esprit, de la « représentation par le contraire[52] » ; en particulier dans l'ironie. Soit qu'on souligne avec Koestler la perception simultanée d'une situation dans deux cadres de référence autonomes et incompatibles ; selon un terme qu'il a forgé, l'événement est alors « bissocié » selon deux contextes ; nous fonctionnons alors au même moment sur deux longueurs d'onde, deux univers entrent pour ainsi dire en « collision ». Son premier exemple est le suivant : « Un masochiste, c'est quelqu'un qui aime une douche froide le matin, et qui en prend par conséquent une chaude ». Il se punit en se privant de sa punition quotidienne. Ou encore cette variante inverse : « un sadique, c'est une personne qui est aimable envers un masochiste. » Le dualisme de l'esprit et de la matière, sous la forme, par exemple, de la dichotomie homme / brute, « se retrouve dans Donald Duck, mais aussi dans *La métamorphose* de Kafka et dans les rats de laboratoire, chers aux psychologues[53] ».

---

52. « Die Darstellung durchs Gegenteil » ; cf. Sigmund Freud, *Le mot d'esprit dans sa relation avec l'inconscient,* trad. Marie Bonaparte, Paris, Gallimard, coll. « Idées », 1969, p. 101.
53. Koestler, *op. cit.*, p. 136-137.

Pouvoir tenir ensemble deux univers, deux plans de réalité tout à fait distincts, voire mutuellement incompatibles, voilà qui se vérifie en fait d'autre part chez le génie créateur. Dans son cas, il s'agira souvent d'établir entre deux tels plans des liens jusque-là inaperçus, insoupçonnés. L'exemple classique est celui de l'astronome allemand Johannes Kepler au dix-septième siècle. Les mouvements des marées étaient connus depuis toujours. Ceux de la Lune aussi, d'autre part. Mais l'idée de les mettre en rapport, d'attribuer les marées à l'attraction de la Lune, a germé pour la première fois dans l'esprit de Kepler, qui a transformé ainsi l'astronomie. Même Galilée considérait cette théorie des marées de Kepler comme une mauvaise blague[54].

J'ai employé ici à dessein l'expression « germé dans l'esprit ». Elle est cependant courante et, comme beaucoup d'expressions analogues, traduit un aspect capital de la vie de la pensée. Le génie est celui qui engendre ; de même l'ingénieur, l'ingénieux. L'acte fondamental de la pensée est celui de *concevoir* ; d'où les termes si justes de conception, concept, etc. ; ou, à l'inverse, le lien entre l'impossible et l'*inconcevable*, c'est-à-dire l'inengendrable. Edgar

54. *Ibid.*, p. 139-143.

Morin, dans *La connaissance de la connaissance,* sait gré à Jean-Louis Le Moigne d'avoir mis en relief ce thème du passage au conçu, et définit la conception comme « l'engendrement, par un esprit humain, d'une configuration originale formant unité organisée[55] ».

Rien de plus apte à l'illustrer, à mon sens, que l'ironie, comme l'a admirablement montré Platon, chez qui ce thème de l'enfantement des *logoi* est partout présent, même s'il n'y a que quelques pages d'un dialogue, le *Théétète,* qui traite expressément de la maïeutique, l'art de faire accoucher les esprits, justement. Une arme essentielle de cet art n'est autre que l'ironie socratique, à quoi Platon ajoute la sienne propre pour son lecteur. Nous voici reconduits au mot d'esprit de tout à l'heure.

Pour faire court, je m'en tiendrai à un seul exemple, le plus classique de tous eu égard à l'ironie : le discours de Marc Antoine dans *Julius Caesar* (Act III, ii) de Shakespeare et la phrase qui y revient à plusieurs reprises comme en leitmotiv : « Brutus is an honourable man. » Brutus, Cassius et les autres viennent d'assassiner

55. Edgar Morin, *La Méthode III, La connaissance de la connaissance/1 Anthropologie de la connaissance,* Paris, Seuil, 1986, p. 186-187.

César, mais ils sont bien vus de la foule. Quand Marc Antoine énonce les premières fois : « Et Brutus est un homme d'honneur », la proposition est donc entendue en son sens obvie par la foule. Mais à mesure que la rhétorique de Marc Antoine produit son effet et qu'il annonce le testament de César favorable à tous et chacun des citoyens romains, le sens véritable de la proposition, le sens ironique, se fait jour, jusqu'à ce qu'un citoyen s'écrie, faisant écho aux autres : « They were traitors : honourable men ! » (« Ils étaient des traitres : hommes d'honneurs ! »).

Il est important de remarquer ce qui se passe : jamais Marc Antoine ne dit expressément autre chose ici que « Brutus est un homme d'honneur ». La foule comprend enfin qu'homme d'honneur signifie en l'occurrence traître. L'efficacité de ce procédé de Marc Antoine sera extraordinaire. Pourquoi ? Parce que l'auditoire a le sentiment d'avoir découvert par lui-même le sens caché, l'ayant enfanté en sa propre pensée, son propre cœur si vous voulez ; c'est à lui maintenant. On est à l'opposé de la platitude ou du psittacisme. Quintilien a une très belle expression pour expliquer l'effet d'une figure consistant à faire entendre autre chose, qui est caché, *aliud latens et auditori quasi inveniendum* : c'est comme si l'auditeur lui-même devait découvrir cette chose inapparente[56].

L'essentiel à comprendre ici, c'est que telle est toujours, d'une certaine manière, la pensée humaine. Penser, c'est découvrir, donc reproduire en soi-même, concevoir, enfanter un concept qui se traduira en parole, c'est-à-dire un *logos.* Le premier modèle pour comprendre l'activité de l'esprit est forcément, non pas des artefacts puisqu'ils la présupposent, mais la vie même, dans ses manifestations les plus caractéristiques, telle la génération. En même temps, nous retrouvons ici ce trait évoqué plus haut à propos des mots dénommant l'intelligence ou la pensée : elle est perçue dans la sagesse populaire comme dépassant les apparences, dégageant ce qui est caché et vital à la fois.

Platon déclarait même que c'est l'union de l'âme et de l'être véritable (*to onti ontôs*) par le savoir qui « engendre l'intelligence et la vérité[57] ». L'enfant aura les traits de ses parents. L'affinité réciproque, ou connaturalité (*suggenês*) de ces derniers est, partant, essentielle. C'est donc la partie de l'âme la plus proche par nature de l'être véritable qui peut seule s'unir à l'être de manière féconde. Or il s'agit

56. Quintilien, *Institution oratoire,* IX, ii, 65.

57. Platon, *République,* VI, 490 a-b.

évidemment de l'intelligence elle-même. Voilà qui évoque du même coup d'autres aspects essentiels pour notre sujet.

5 – L'intelligence et l'être

Ce que suggèrent en effet les propos qui précèdent et ce qui est latent depuis un bon moment, c'est l'accès de la pensée au réel – à la *res* ou « chose » (*die Sache*) insiste avec force cet « idéaliste » de Hegel en des pages remarquables[58]. Un des énoncés fondateurs de la philosophie occidentale est le suivant, de Parménide, *tauton d'esti noein kai houneken esti noêma,* « la pensée et ce à dessein de quoi il y a pensée est le même », ajoutant un accent téléologique à cet autre énoncé parallèle, *to gar auto noein estin te kai einai,* « penser et être sont en effet le même[59] ».

Nous voilà reconduits à l'étonnement premier de nos vies, où l'enfant est maître : prodige des prodiges, que les choses *soient* ! Pourquoi le monde et nous-mêmes sommes-nous ainsi plutôt qu'autrement, pourquoi existons-nous ? Tout cela pourrait ne pas être, il pourrait n'y avoir que néant et ténèbres au lieu de l'herbe verte,

58. G. W. F. Hegel, *Encyclopédie des sciences philosophiques*, préface de la deuxième édition.
59. DK 28 B 8, l. 34 et B 3.

la neige si blanche et le soleil si éblouissant. Non moins fondatrice est la question de Socrate : *ti esti,* qu'*est*-ce ? De l'enfant humain aussi bien : « C'est quoi ça ? » Elle vise la nature de chaque chose et suppose donc l'appréhension de leur unité, de l'un en ce sens. Elle vise de même l'utile et le juste : à quoi cela sert-il ? Pourquoi ne pas prendre le bien de l'autre ? Mais avant tout nous demandons : *pourquoi y a-t-il de l'être et non pas rien ?*, faisant nôtre la belle interrogation de Leibniz. Et, dans le sillage des Grecs, *ti to on* : « qu'est-ce que l'étant ? », « qu'est-ce que l'être ? »

Ce que notre pensée dévoile au-delà de l'apparence, c'est ainsi l'être même : sa première « pesée » selon l'étymologie citée. C'est là sa première saisie d'une réalité vitale au sein même du monde sensible. Qu'est-ce que connaître, penser l'être des choses ? Qu'est-ce que penser l'être même implique au juste, demanderont peut-être certains, ajoutant : qu'y a-t-il de grand à cela ? Pour qui possède la disposition philosophique – à savoir, dans les excellents termes du philosophe britannique déjà cité, Thomas Nagel : « (...) the essential capacity to be mystified by the utterly familiar[60] » –, de semblables questions sont toujours jeunes. À défaut en tout cas de les avoir formulées un jour, on

60. Thomas Nagel, *loc. cit.*, p. 5.

se comparerait à l'aveugle-né insensé cité par Aristote comme discutant des couleurs, étant cette fois incapable de concevoir proprement, de voir des yeux de l'esprit, ce qui se trouve devant lui.

Qu'est-ce que donc que connaître? Edgar Morin a raison d'écrire : « Nous avons un besoin vital de situer, réfléchir, réinterroger notre connaissance[61]. » Déjà le toucher, le plus humble de nos moyens à cet égard, connaît dans la mesure où il n'est pas possessif et ne s'approprie pas totalement la détermination qu'il acquiert. Si infime que soit son détachement, il est alors « objectif ». Ce n'est pas en effet le refroidissement de mon doigt (certes nécessaire) dans l'eau froide qui constitue la sensation du froid; c'est le fait que par mon toucher je sois à la fois moi-même et le froid *de cette eau-ci*; le bâton refroidi n'est toujours que lui-même. La possessivité de la matière est facile à constater. Il est évident qu'une chose matérielle accapare les déterminations qu'elle reçoit, *une* à *une* comme *sienne.* Étant malade, Socrate n'est simultanément bien portant que de façon virtuelle : il est en effectivité privé de santé. En tant que tel, son corps est essentiellement inapte à subir deux contraires simultanés en acte.

61. Edgar Morin, *La connaissance de la connaissance,* p. 10.

Bref, même la chose matérielle la plus « subtile » est opaque, car elle ne peut être que soi. Que la pensée soit matérielle est dès lors une impossibilité. On le voit tout de suite en constatant qu'un contraire s'y trouvant, l'autre serait en réalité aussitôt expulsé. Considérant la cécité, je deviendrais aveugle. Considérant maladie, force me serait d'oublier santé; autant dire que je ne pourrais non plus connaître maladie : contraire négatif de santé, elle se définit grâce à cette dernière. Dans la pensée, non seulement les contraires ne s'excluent-ils pas, mais ils s'impliquent réciproquement en effectivité. De là notre « représentation par le contraire » et notre ironie de tout à l'heure. Les contraires s'éclairent toujours mutuellement, et le jour se révèle en même temps que la nuit[62]. En un mot, dans l'intelligence, les choses contraires *in rerum natura* cessent d'être contraires et, loin de s'expulser mutuellement, favorisent la compréhension. Le contraire est saisi dans son contraire même. Dans les termes de Hegel, *in ihrem Begriffe selbst die andere enthaelt*, « dans son concept même il contient l'autre »; « sans cette connaissance, ajoute Hegel, on ne peut faire proprement un pas en

62. Cf. Héraclite, DK 22 B 57.

philosophie[63]. » De même Aristote : dans l'âme, *tôn enantiôn tropon tina to auto eidos*, « la forme des contraires est en quelque sorte la même[64] ».

Permettez-moi de faire appel encore un moment à votre patience. Poussons un peu plus loin l'exemple de la maladie et de la santé. Si, d'une part, l'incompatibilité effective des deux états est ce qui oblige à pallier la maladie, c'est en revanche leur présence simultanée dans la pensée qui est la source même du remède. Tout l'être de l'être médical s'enracine en ce double fait. Ce qui rend possible l'art médical, c'est l'implication en acte des contraires dans la pensée. Ce qui le rend nécessaire, c'est leur exclusion en acte dans un même sujet matériel.

Toute action proprement humaine illustre à vrai dire cette opposition entre la pensée et la matière. Car toute action, au sens le plus propre, a son contraire. Or il est impossible de poser les deux en même temps. Aussi *dois*-je choisir. Si l'on délibère, c'est précisément parce qu'on sait que les contraires ne peuvent coexister simultanément de manière actuelle dans les choses. Or choisir contraint à une comparaison

63. G. W. F. Hegel, *Wissenschaft der Logik*, II, p. 56 (Lasson).

64. *Métaphysique*, Z, VII, 7, 1032 b 2-3.

actuelle. Afin de décider si je dois faire telle action ou son contraire, voire agir ou ne pas agir, il est nécessaire que l'un et l'autre soient réellement confrontés, de manière effective. Le soliloque de Hamlet tire son intensité de l'universalité de cette condition. « Grâce à mon "ou bien – ou bien" apparaît l'éthique », écrit avec justesse Kierkegaard[65].

Il y a bien plus que cela encore. Capable de tenir ensemble, pour ainsi dire, tous les opposés, la pensée est en mesure de contenir d'une certaine manière *toutes choses*. Héraclite le premier l'avait parfaitement entrevu. L'infinité de la main, de la langue, l'extraordinaire puissance de l'être humain dans la nature en fournissent déjà des indices. Sachant la mesure surtout de mon ignorance, je connais en quelque sorte toutes choses. Quelque imparfaitement que ce soit, sous l'aspect d'être et de non-être, notre pensée embrasse tout. Sartre avait raison d'écrire que le « je ne sais rien » de Socrate « désigne par ce *rien* précisément la totalité de l'être considéré en tant que vérité[66] ».

65. Sören Kierkegaard, *Ou bien... Ou bien...*, trad. F. et O. Prior et M. H. Guignot, Paris, Gallimard, 1943, p. 479.

66. Jean-Paul Sartre, *L'être et le néant*, Paris, Gallimard, 1943, p. 51.

La pensée est donc pure transparence, on l'aura remarqué. Il n'est pas étonnant dès lors qu'elle soit insaisissable, comme nous le constations au départ. Elle ne peut s'atteindre elle-même qu'en constatant son rapport aux choses et à leurs natures, à la totalité de ce qui est, à l'être. C'est au reste ce rapport même que nous appelons vérité, fausseté.

Aristote a des énoncés frappants, certains d'entre eux peut-être insuffisamment connus, ou médités, touchant l'intelligence elle-même, l'*epistêmê* et enfin l'âme. Après avoir répété à deux reprises *to d'auto estin hê kat'energeian epistêmê tô pragmati,* « la science en acte est identique à la chose », il affirme même *holôs de ho noûs estin ho kat'energeian ta pragmata,* « d'une manière générale, l'intellect en acte est identique aux choses », en sorte que « l'âme est en quelque sorte tous les êtres », *hê psuchê ta onta pôs esti panta*[67]. C'est assez dire, d'après ce que nous venons de voir, que l'intelligence humaine est immatérielle. Tout acquiert dans la pensée un mode d'exister nouveau, le sien, immatériel. De là cette immensité que nous y pressentons, et qui fait rire devant les limites du corps. Bien

67. Aristote, *De Anima,* III, respectivement c. 5, 430 a 19-20, c. 7, 431 a 1-2 et 431 b 17, et c. 8, 431 b 21.

plus, c'est affirmer qu'en une seule intelligence peut exister *d'une certaine manière* la perfection de l'univers tout entier. Il y a là déjà un prodige, que nous aurions tort de banaliser; ce qu'on ne saurait reprocher à Pascal : « Par l'espace, l'univers me comprend et m'engloutit comme un point; par la pensée, je le comprends[68]. » L'univers certes, son ordre, ses origines et ses causes, mais n'y a-t-il pas aussi l'au-delà, obscurément pressenti et conçu par mode de convenance, d'analogies et de négations pour le moment? La pensée seule atteint, selon Hegel, « ce qu'il y a de plus élevé », Dieu[69].

6 – Amour et beauté

Cela dit, je voudrais bien marquer, avant de conclure, que ce qui précède n'offre encore qu'un commencement de réponse aux questions posées au début, y inclus celles que provoque la déclaration de saint Jean de la Croix, selon laquelle une seule pensée de l'être humain vaut plus que tout l'univers.

---

68. Pascal, *Pensées*, B 348; L 113.
69. G. W. F. Hegel, *Encyclopédie des sciences philosophiques*, I, *La science de la logique*, trad. Bernard Bourgeois, addition 19, 2, Paris, Vrin, 1979, p. 468-469.

Tout comme pour l'être, le vrai, l'un, le bien, l'intelligence est indispensable à la perception de la beauté, même sensible[70]. Platon encore a dit l'essentiel concernant le beau, distinguant ses différents sens principaux, depuis le beau sensible, moral, intellectuel, jusqu'au beau transcendantal[71], mais surtout par ces deux mots du *Phèdre* décrivant le beau comme *ekphanestaton* et *erasmiôtaton* : « Ce qui est le plus lumineux » et « ce qui le plus attire l'amour[72]. » Lumière et clarté d'une part, attirance amoureuse de l'autre, sont les deux composantes essentielles de la contemplation.

En parlant de prodige, s'agissant de l'intelligence, de sa capacité d'embrasser l'univers et de percer au-delà, je ne faisais pas usage d'hyperbole ; ou si c'est le cas, je ne suis pas le seul. Saint Augustin ne craignait pas de dire : « Ce monde est même assurément un miracle plus grand et plus beau que tous ceux dont il est plein[73]. » Ou encore : « Peut-être le miracle des natures visibles a-t-il perdu de sa vertu à force d'être vu : il n'en est pas moins, à le considérer sagement, supérieur aux miracles

70. Cf. saint Augustin, *De Civitate Dei*, VIII, 6, 330.
71. Cf. le discours attribué par Socrate à Diotima dans le *Banquet*, 210 e à 212 a.
72. Cf. Platon, *Phèdre*, 250 d 5-8.
73. *De Civitate Dei*, 21, 7, 11.

les plus extraordinaires et les plus rares. Car l'homme est un plus grand miracle que tout miracle fait par l'homme[74]. » Plus miraculeux que le changement de l'eau en vin aux Noces de Cana sont l'eau et le vin eux-mêmes, prodiges qui se renouvellent constamment sous nos yeux. Plus merveilleuse encore est la « puissance d'un seul grain de n'importe quelle semence (...), l'esprit attentif en est saisi d'effroi ». Il y a plus extraordinaire encore : « Un mort est ressuscité, les hommes sont étonnés ; il y a tant de naissances chaque jour, et nul ne s'étonne ! Pourtant, si nous y regardons avec plus de discernement, il faut un plus grand miracle pour faire être ce qui n'était pas que pour faire revivre qui était[75] ».

Que dire même de l'âme humaine qui ne se voit pas, mais qui est manifeste partout par ses œuvres ; on sait assez ce qui advient au corps après la mort, quand elle ne le contient plus. Et que dire de l'intelligence qui discerne bien et mal, juste et injuste ? « Et pourtant (...), cette âme, si merveilleuse par sa nature et sa substance,

74. *De Civitate Dei*, 10, 12, trad. G. Combès.

75. *In Joannis Evangelium*, Tractatus VIII, 1, trad. M. F. Berrouard ; cf. *Sermo* 242, 1 ; P. L. 38, 1139 : « Les naissances de tant d'hommes qui n'existaient pas sont chaque jour des miracles plus grands que les résurrections de quelques morts qui existaient. »

demeure invisible et ne peut être saisie que par l'intelligence[76]. » Sans l'intelligence, en d'autres termes, rien de cela ne serait connu ; il n'y aurait point de prodige ni de beauté.

Le plus étonnant, enfin, c'est qu'une âme puisse voir en elle-même ce qu'elle ne voit nulle part ailleurs : ainsi la justice, au moins sous la forme de l'idéal à l'aune duquel elle juge qui est juste et qui l'est moins ; idéal grâce auquel, aussi bien, nous protestons chacun contre les injustices, et que nous aimons dans la mesure exacte où nous nous efforçons de l'atteindre[77]. À bien examiner à son tour la nature du véritable amour, celui qui anime notamment la recherche, le désir de savoir, il est tout de suite évident que nul ne saurait aimer ce qu'il ignore totalement[78]. Si nous n'avons dans l'esprit, à l'état d'ébauche, une idée déjà de cette science que nous brûlons d'acquérir, du sens de ce mot que nous tentons d'élucider, nous ne chercherions pas. La connaissance provoque à ce point l'amour, que c'est ardemment que nous cherchons le sens. C'est dire à quel point nous *aimons* l'intelligence et sa quête.

76. *In Joannis Evangelium*, Tractatus VIII, 2.
77. Cf. saint Augustin, *De Trinitate*, VIII, vi, 9.
78. Cf. *De Trinitate*, X, i, 1 et sq.

Qu'aime donc de son côté l'intelligence elle-même lorsqu'elle cherche à savoir et en particulier à se connaître elle-même[79] ? Ne serait-ce pas pour commencer toutes les valeurs qu'elle permet elle-même d'aimer en nous les faisant connaître ? Non pas seulement la beauté du savoir lui-même, celle de la justice elle-même, déjà resplendissante, mais l'amour lui-même, qui n'est pas visible, et que j'aime nécessairement avant tout, quand j'aime autrui, car il m'est intérieur[80]. J'entends bien l'amour authentique – qui veut le bien de l'autre – et non la convoitise[81] ; encore moins le narcissisme. Aimer la pensée, c'est aimer la lumière qu'elle promet et qu'elle cherche elle-même. C'est comme aimer ses yeux, aimer l'éveil.

Ainsi donc, condition de possibilité de tout ce qui est proprement humain, dans l'ordre pratique (éthique et artistique par conséquent) et théorique, la pensée ne l'est pas moins de l'amour humain lui-même en tout ce qu'il peut avoir de plus noble, autant que du désir des réalités transcendantales et éternelles qui ne

---

79. Je paraphrase ici ce que saint Augustin développe de manière extraordinairement éloquente dans le *De Trinitate*, X, iii, 5 sq.
80. *Ibid.*, VII, vii, 10 et 11.
81. *Ibid.*, VIII, vii, 10.

passent pas. Car sans la pensée rien de tout cela ne nous serait d'aucune manière possible. Même les handicapés mentaux, par exemple, ne seraient pas capables, comme ils le sont, de merveilles de sensibilité et d'amitié. Les difficultés que nous formulions au départ étaient dues à une idée réductrice de la pensée à la forme de rationalité source de performance.

Quoi qu'il en soit, on aura compris que cet amour de l'être, du vrai, du bien et des autres réalités premières, est en vérité quête d'absolu. Voire, pour le dire autrement, amour de Celui dont notre pensée désire naturellement jouir comme l'œil de la lumière[82]. Ne serait-ce pas là le *plein* sens de la seconde partie de la phrase citée plus haut de saint Jean de la Croix : « seul Dieu en est digne » ?

---

82. C'est ce qu'ont bien vu Platon et les Platoniciens, selon le *De Civitate Dei*, VIII, 8, 333. Ainsi philosopher c'est *amare Deum*, « aimer Dieu ». On lit d'autre part dans les *Retractationes* (I, 1, 3) que face aux « réalités incorporelles et suprêmes », l'amour de la beauté et la philosophie ne font qu'un.

III

La liberté de religion, la liberté de conscience et le bien commun

La liberté de religion est un des aspects essentiels de la liberté de conscience, qui est le fait de toute personne et la pierre angulaire des droits humains. C'est ce que je voudrais explorer succinctement dans les lignes qui suivent.

1 – Rappels

Selon Dante, « le plus grand don que Dieu dans sa largesse fit en créant, le plus conforme à sa bonté, celui auquel il accorde le plus de prix, fut la liberté de la volonté : les créatures intelligentes, toutes et elles seules, en furent et en sont dotées[1] ». La liberté, en bref, résumerait l'essentiel en ce qui nous concerne, ses deux composantes principales étant

1. Dante, *La divine comédie, Le paradis,* Chant V, 19-24 (trad. Alexandre Masseron, Paris, Albin Michel, 1950).

l'intelligence et la volonté, toutes deux immenses, comme nous le révèle d'ailleurs l'expérience interne de penser et de vouloir.

On retrouve ces deux composantes, en fin de compte, dans la définition qui « domine toute l'histoire de la notion de personne » (Paul Ladrière), celle de Boèce (environ 480 à 525 de notre ère) : « Substance individuelle de nature raisonnable[2] ».

La manière à la fois la plus simple et la plus accessible de voir ce lien entre les notions de personne et de liberté, c'est la notion de causalité telle que reflétée dans le langage ordinaire d'abord. Le mot grec *aitia*, « cause », a pour premier sens celui de « responsabilité », d'« imputation » comme dans une accusation ; le mot latin *causa* connaît une évolution analogue, et désigne d'emblée un procès : les mots accuser, excuser, récuser en portent encore les traces. Si je vous traîne en justice pour vous faire un procès, c'est que je vous juge responsable de (ayant à « répondre de ») quelque chose ; je vous reconnais *ipso*

2. *Naturae rationabilis individua substantia* (*Contra Eutychen et Nestorium*, c. III, PL 64, 1343). Cf. Paul Ladrière, « La notion de personne, héritière d'une longue tradition », dans Simone Novaes (dir.), *Biomédecine et devenir de la personne*, Paris, Seuil, 1991, p. 27-85, p. 49 ; cf. p. 47-51.

facto comme personne : on ne saurait faire un procès à un être qui ne peut d'aucune façon répondre de ses actes. « Traiter un individu comme une personne, c'est le considérer comme responsable de ses actes devant les tribunaux, au sens littéral ou figuré, de la loi ou de la morale – ou même, pour certains, devant les tribunaux du jugement divin » (Alan Montefiore). John Locke n'aura donc pas tort, à cet égard, de voir dans le terme « personne » un « terme de tribunal » (*forensic*)[3].

La perception de l'inhumain n'est possible qu'à partir du vif sentiment de son opposé, de ce qu'on a appelé le sens de l'humain. Quand je reconnais l'humanité d'autrui, je le fais grâce à une connaissance antérieure de cette humanité qui ne peut être au bout du compte que celle que j'ai de ma propre humanité. Le mot latin *persona* signifie en premier lieu « masque de théâtre », le mot grec correspondant, *prosôpon*, signifie premièrement la « face », le « visage », ce qui est donné au regard de l'autre, puis aussi « masque ». Viendront ensuite naturellement d'autres sens, désignant le personnage, le rôle qu'il joue et l'acteur qui joue ce rôle. Ces mots

3. Cf. Alan Montefiore, dans Monique Canto-Sperber (dir.), *Dictionnaire d'éthique et de philosophie morale*, Paris, Presses Universitaires de France, 1996, p. 691 a.

ne désigneront que plus tard celui ou celle qui parle, pour ainsi dire, derrière le masque, la personne au sens qui nous est familier. Cette évolution de sens est tout à fait naturelle. Car nous ne voyons jamais de nos yeux corporels la personne, mais toujours un masque, un visage demeurant du reste souvent énigmatique, que chacune ou chacun compose plus ou moins délibérément. Mais alors, comment parvient-on à la personne au sens plus profond?

Lorsqu'il est conscient, l'esprit humain est immédiatement présent à soi. Mais je ne puis être présent à autrui de la même manière qu'à moi-même. Comme le déclarait Fichte : « Je ne peux pas du tout être immédiatement conscient d'une liberté en dehors de moi. » La question est à vrai dire : « Comment l'être humain en vient-il à assumer et à reconnaître qu'il existe des êtres rationnels semblables à lui en dehors de lui, puisque de tels êtres ne sont pas immédiatement ou directement donnés ou présents en sa pure conscience de soi ? » S'agissant de liberté, Fichte faisait observer en outre que la conscience de ma propre liberté n'appartient pas à la sphère de la conscience immédiate, mais bien plutôt à celle de la clarification de la conscience complète. Elle n'est d'abord qu'implicite, et s'explicite par la médiation intersubjective : essentiellement dans la prise de conscience du fait que ma liberté limite celle d'autrui et réciproquement.

Bref, j'en viens à connaître autrui en le reconnaissant et en le traitant avec le respect dû à sa liberté, c'est-à-dire en reconnaissant que sa liberté limite la mienne. La question de l'autre se confond presque avec celle du droit[4]. Comme l'écrit Walter Schulz, « une des intuitions les plus profondes de Fichte est d'avoir su expliquer que, d'un point de vue théorique et abstrait, autrui peut, au même titre que le monde des objets, être nié par moi en tant que sujet conscient de soi, et que seul l'aspect moral m'en empêche en m'invitant (*auffordert*) à me limiter par rapport à autrui et ainsi à le *reconnaître*[5] ».

Il reste que ce n'est initialement que grâce à l'accès intérieur à moi-même que je le reconnais. On dit bien, et pour cause, *re*-connaître.

Il est aisé de voir que droit implique devoir, puisqu'ils sont comme l'envers et

4. J. G. Fichte, *Über die Bestimmung des Gelehrten* (1794), dans I. H. Fichte (ed.), *Werke*, Berlin, Walter de Gruyter, 1971 (réimpression de l'édition de 1845-1846), VI, 305 et 302. Sur tout ceci voir l'excellente étude de Robert R. Williams, *Recognition. Fichte and Hegel on the Other*, New York, SUNY Press, 1992, p. 49 sq.
5. Walter Schulz, *Philosophie in der veränderten Welt*, Stuttgart, Klett-Cotta, 1972, p. 725.

l'endroit d'une même réalité. Si une chose vous est due, il s'ensuit que c'est pour d'autres un *devoir*, une *obligation* de vous la rendre ; de même que pour vous-même ce qui est dû à d'autres. Voici qu'apparaît clairement la relation à *autrui*. Nous voilà en fait déjà au cœur de la justice, qui se distingue de l'amitié par le fait que dans la justice l'autre est en quelque sorte *séparé* ; si j'éprouve pour vous de l'amitié, voire simplement une sympathie naturelle, les gestes qui en résulteront ne seront pas le fait de la justice comme telle. La justice se vérifie plutôt dans la reconnaissance d'une dette, d'un dû, à l'égard de l'*autre* comme *autre*. Sa grandeur se vérifie le plus clairement dans les cas où l'altérité est la plus prononcée : plus l'autre est loin de moi, moins j'ai d'affinité avec lui, plus le devoir à son endroit relèvera de la justice proprement dite. Toutes les manières d'éliminer pratiquement autrui participent de l'injustice : ainsi les multiples formes d'intolérance et de discrimination : racisme, sexisme, fanatisme prétendument religieux, etc. ; il en est de subtiles, tels la calomnie, la médisance, le « meurtre civil » (détruire sa réputation), et le reste[6].

6. Sur « l'invention du sujet de droit » et sur la position de Leibniz en particulier, qui fait reposer sa théorie du droit sur l'amour,

Le développement de la conscience a cependant besoin de l'aide d'autrui. On voit très distinctement chez les enfants qu'il y a en tout être humain une disposition de la conscience, une capacité de discerner entre le bien et le mal. Comme le rappelle Spaemann, « ils ont un sens très développé de la justice. Ils sont indignés lorsqu'ils voient que la justice n'est pas respectée. Ils possèdent un sens de ce que sont les notes justes et les notes fausses, la bonté et la sincérité; mais s'ils ne voient pas ces valeurs incarnées dans une autorité, cet organe s'atrophie ». Les mots, les paroles sont pour eux le médium de la transparence et de la vérité. Mais pour peu qu'ils découvrent l'utilité de mentir, voire le mensonge chez les adultes, cet éclat disparaît petit à petit et des formes atrophiées de la conscience se développent. Ici encore les médias aggravent la situation. Huxley conseillait avec humour et profondeur à la fois qu'il faudrait leur enseigner « l'art de la dissociation », afin de les prémunir contre les amalgames publicitaires et les fausses associations du politiquement correct; leur faire voir, par exemple, qu'il n'y a guère de rapport entre une jolie femme et les mérites d'un dentifrice, puis, à des

---

voir Yves Charles Zarka, *L'autre voie de la subjectivité,* Paris, Beauchesne, 2000.

niveaux plus profonds, aucun lien nécessaire non plus entre la grandeur de la politique ou de la religion et la guerre. C'est une autre manière de redire combien est essentiel le développement du sens critique, du jugement, le mieux servi ici sans doute par les disciplines qui contribuent à aiguiser l'esprit, à lui donner de la précision, de la clarté, en enseignant à « abstraire, comparer, analyser, diviser, définir, et raisonner, correctement » (Newman)[7].

Le recours au dialogue présuppose la liberté des interlocuteurs, la capacité d'infléchir le jugement d'autrui, comme celle de laisser infléchir le sien, en vue du bien commun. Il y a pathologie politique lorsque des régimes suscitent des fatalismes défaitistes, invitant à une acceptation résignée d'un destin qu'on ne saurait mettre en cause – autre trait classique des tyrannies relevé plus haut. Comme l'a fait observer John R. Saul, il n'y a pas de démocratie, pas de vote, pas de choix, pas de citoyens, si tout est contrôlé par des forces économiques inéluctables, si le monde est vu comme constitué d'indi-

7. Robert Spaemann, *Notions fondamentales de morale*, *op. cit.*, p. 98 ; Aldous Huxley, *Ends and Means*, London, Chatto & Windus, 1937, p. 217 sq. ; John Henry Newman, *The Idea of a University* (ed. I. T. Ker), Oxford, 1976, p. 272-273.

vidus atomiques, de plus en plus détachés de toute collectivité, esclaves de la rapacité de quelques-uns. Il n'y a donc pas lieu de s'étonner de la coïncidence curieuse, constatée par Habermas, d'un sentiment d'impuissance politique avec le soi-disant triomphe planétaire de la démocratie. À quoi s'ajoute le paradoxe suivant, que rapporte Federico Mayor, directeur général de l'Unesco : « Plus le monde se globalise et plus il s'individualise et se fragmente. En réalité, c'est justement parce qu'il se mondialise qu'il s'atomise à vue d'œil : car dans un marché qui devient global, la fragmentation, loin de comporter des sanctions, est profitable, et les institutions médiatrices qui fondaient le lien social – la nation, le travail, la famille et l'école – sont en proie à un processus de dissociation[8]. »

Une autre excellente manière de décrire la conscience est d'évoquer la nécessité d'un accord avec soi. Ainsi que l'a bien marqué Hannah Arendt, « ce principe d'accord avec soi-même est très ancien. Il fut, en fait, découvert par Socrate, dont la doctrine centrale, telle qu'elle fut formulée par Platon, est contenue dans la phrase :

8. Jürgen Habermas, *Après l'État-nation*, Paris, Fayard, 2000, p. 77 ; John Saul in http://www.abc.net.au/specials/saul/fulltext.htm ; Federico Mayor, *Un monde nouveau*, Paris, Unesco, Éditions Odile Jacob, 1999, p. 453.

“Comme je suis un, il vaut mieux pour moi être en désaccord avec le monde entier qu’être en désaccord avec moi-même” » (*Gorgias,* 482 c). Cet accord, c’est l’accord avec la conscience. La « totalité de sens » dont nous parlions plus haut en citant une première fois Robert Spaemann ressort bien à nouveau du fait que, comme l’écrit encore Hannah Arendt, « le voleur, par exemple, est en fait en contradiction avec lui-même, car il ne peut vouloir que le principe de son action, voler ce qui appartient à autrui, devienne une loi générale ; une telle loi le priverait instantanément de sa propre acquisition[9] ».

2 – La liberté la plus exigeante

Or, tout cela présuppose la liberté. Il est facile, au niveau du discours, de nier jusqu’à l’existence de la liberté, la qualifiant de leurre, d’illusion et le reste, faisant état, par exemple, des multiples formes de déterminismes auxquels nous somme sujets, pulsions inconscientes, conditionnements sociaux, biologiques, etc., à l’instar de ceux que Paul Ricœur a le premier appelé les « maîtres du soupçon », Marx, Nietzsche et Freud. Ces déterminismes sont indéniables

9. Hannah Arendt, *La crise de la culture,* trad. sous la direction de Patrick Lévy, Paris, Gallimard, coll. « Folio », 1972, p. 281.

et réduisent sans aucun doute l'espace de liberté dont nous disposons.

Et pourtant, songez un instant à ce que vous perdriez si on vous enlevait tout d'un coup votre liberté personnelle. Nous sentons bien tous, en réalité, combien ardemment, farouchement même, nous pouvons tenir à notre propre liberté.

La question de la liberté soulève d'emblée celle de ses contraires : esclavages et servitudes diverses, contraintes externes ou internes, nécessité, destin, contingence, violence. Elle est en même temps au cœur de l'éthique, comme nous venons de l'entrevoir : action, volonté, pouvoir du bien et du mal, vertus et vices, droit, justice, amitié, bonheur humain, dignité de la personne, angoisse – tout cela n'a pas de sens sans elle. Elle est au cœur du politique pour les mêmes raisons, mais aussi parce qu'elle définit, positivement ou négativement, les rapports entre l'individu et l'État. Cependant que les sciences mettent à nu des déterminismes insoupçonnés – tels « l'inconscient psychanalytique », « l'inconscient linguistique » et « l'inconscient sociologique », par exemple –, la pensée politique contemporaine s'emploie à établir les libertés fondamentales et à les préciser. Parmi ces dernières, la plus fondamentale de toutes, c'est la liberté religieuse, puisqu'il s'agit alors du droit d'obéir aux options reconnues par chacune et chacun en son for intérieur comme les plus fondamentales.

Ce que je voudrais esquisser à présent, c'est à quel point cette liberté est toutefois exigeante.

Certes la liberté proprement dite est toujours exigeante. Elle implique en effet qu'on s'appartienne, et s'oppose dès lors à toutes les servitudes, non la moindre d'entre lesquelles est l'ignorance. Le mot de Condorcet est juste : « Il n'y a pas de liberté pour l'ignorant. » La pire des ignorances étant, faut-il l'ajouter, l'ignorance de soi, si bien représentée dès l'Antiquité par la figure d'Œdipe, entre autres. Les grands tragiques grecs, surtout Euripide, mais déjà Homère avant eux – « Patience, mon cœur », déclare Ulysse (*Odyssée* XX, début) – ont admirablement dépeint l'esclavage auquel peuvent réduire les passions, et toute la portée dès lors d'une juste connaissance de soi.

Être libre, dit-on, c'est pouvoir faire ce qu'on veut. Mais que veut-on au juste? Qu'est-ce que la « vie bonne »? Qu'est-ce que la « vie bonne » pour moi? Qui suis-je? À moins d'être endormis en plein jour – comme le sont la plupart des humains selon le grand Héraclite – ou d'être « doublement ignorants », selon la juste formule de Platon, nous nous découvrons ainsi comme des questions pour nous-mêmes, comme des réalités à être, non toutes faites, dont nous portons la responsabilité.

Comment surmonter tout ce qui s'oppose à l'émergence des libertés ? La médiation du droit est ce qui donne ici à l'éthique sa figure concrète au sein du politique.

C'est ainsi que s'impose, on le voit, s'agissant de liberté religieuse, le principe de la laïcité de l'État. Car justement il appartient à l'État de veiller à ce que la liberté des consciences soit respectée par tous les citoyens. La laïcité de l'État est ce qui garantit ma liberté religieuse à l'endroit de l'État lui-même et de ses citoyens.

Ce principe est essentiel afin que soit pleinement respectée la liberté de tous en ce qu'elle a de plus fondamental, les options premières de toute vie humaine, que Husserl appelait « les questions les plus brûlantes », à savoir « les questions qui portent sur le sens ou l'absence de sens de toute cette existence humaine[10] ».

Le mot si juste de Condorcet, que je viens de citer – « il n'y a pas de liberté pour l'ignorant » – s'applique à neuf, on ne peut mieux, ici encore. Ce serait

---

10. Edmund Husserl, *La crise des sciences européennes et la phénoménologie transcendantale*, trad. Gérard Granel, Paris, Gallimard, 1976, p. 10.

se moquer de la liberté humaine au plus profond d'elle-même, par conséquent, que d'exclure l'interrogation constante eu égard aux questions ultimes.

La perspective de cette authentique réalisation de soi qui vient du *poids* de la liberté, comme nous le disions, entraîne en somme une exigence de *vérité,* de la part de toutes et tous, que l'on se considère athée, agnostique, ou croyant. Elle implique qu'on peut toujours renoncer à une position et en adopter une autre, en fonction de ce que l'on juge vrai.

La liberté doit, en bref, demeurer ouverte en permanence au questionnement. Il me semble que c'est dans cette perspective dynamique d'une tâche que les exigences du présent ne cessent de convoquer qu'il faut désormais voir de plus en plus nettement la place de la liberté, et plus spécifiquement de la liberté religieuse, en nos sociétés.

3 – Conséquences de la liberté des consciences

Qui d'autre que la société civile pourrait protéger la liberté des consciences? À qui revient-il, par exemple, d'accorder publiquement et pratiquement la priorité du droit des parents en matière d'éducation? Le pluralisme, qui est une rançon de la liberté, est intimement lié à la priorité de ce droit. La société civile ne peut méconnaître ni ce droit ni sa priorité sans détruire la famille, sans faire violence à la liberté des consciences, d'où découle en pratique la diversité des croyances. Le respect de cette liberté, et par conséquent des diversités confessionnelles et non confessionnelles, est le signe d'une légitime et saine laïcité qui, pour les chrétiens dont je suis, est un principe. Il revient, en effet, à l'État de voir à ce que ceux qui s'opposent en matière de religion le fassent non à l'intérieur de la vie politique mais au niveau de la religion.

D'aucuns sont tentés de protester que la laïcité de l'État implique une attitude négative envers la religion. Comment prétendre cela quand l'État y est obligé en vue du bien commun, de la paix, et pour sauvegarder la libre pratique de la religion? Le respect de la liberté des consciences – vraies ou fausses –, n'est pas un nivellement de toutes les consciences; il est simplement l'égard dû même à la personne dont la conscience serait à nos yeux erronée. L'aberration sans nom des guerres de religion de jadis illustre bien, *a contrario*, ce dont je parle. On croyait pouvoir imposer, de force, certaines convictions aux autres, au nom de la vérité, comme si la liberté de l'être humain ne faisait pas partie, justement, de cette vérité. J'entends la liberté au sens du droit de l'être humain de décider de son propre destin librement, selon sa propre conscience. De cette liberté naît le devoir et le droit de l'être humain de suivre, justement, sa propre conscience, auxquels correspondent le devoir de l'individu et de la société de respecter cette liberté et cette décision personnelle.

Pour les tenants de ces guerres insensées, l'erreur n'avait pas le droit d'exister. Or l'erreur est quelque chose d'abstrait et de ce fait n'est pas sujet de droit, cependant que l'être humain, même s'il se trompe, est, lui, sujet de droit. Il a le devoir et le droit de suivre sa conscience et, par suite, le droit à ce que cette indépendance soit respectée par tous les humains.

L'attitude de l'État envers le pluralisme serait négative si, en ces matières, l'État accordait des privilèges à un groupe à l'exclusion des autres ; il manquerait alors à la légitime et saine laïcité. En agissant conformément à cette laïcité, l'État se découvre, de fait, en accord avec la parole du Christ : « Rendez à César ce qui est à César, et à Dieu ce qui est à Dieu » (cf. *Matthieu* 22, 15-21). Le Christ répondait ainsi à des personnes qui se faisaient de la communauté civile une conception théocratique. Il est remarquable et significatif que dans les Évangiles synoptiques, qui tous les trois rapportent cette parole, César soit nommé en premier. Le fait est que, si la distinction que cette parole énonce n'est pas d'abord observée dans l'ordre temporel, le bien transcendant de la religion sera compromis.

Il reste que la meilleure façon de prévenir les aberrations du type de celles des guerres de religion, sous quelque forme qu'on puisse imaginer, c'est l'amitié véritable. Car l'amitié authentique permet de se mettre effectivement « dans la peau de l'autre », de vivre son point de vue en même temps que le sien, de chercher à voir ce qu'il pense; de comprendre sa pensée et de faire comprendre la sienne propre, en recourant au besoin à de nouveaux termes, de nouvelles comparaisons, de nouvelles idées. L'ami véritable est un « autre soi » (*allos autos*), disait avec raison Aristote. Dans ce qu'elle a de meilleur, nous l'avons rappelé, l'amitié est partage de ce que la conscience d'exister de l'autre a également de meilleur (cf. *Éthique à Nicomaque*, 1170 b 2-8; b 10-12) – ce qui implique évidemment, au premier chef, tout ce qui concerne le sens ultime de la vie humaine, dans un souci partagé et réciproque de *vérité*. On le voit ici encore, amitié et vérité vont de pair.

4 – Le bien commun

L'idée plus que jamais réaliste, en pareil contexte, est dès lors celle du bien commun et le meilleur moyen d'assurer ce dernier demeure la démocratie véritable. Les travaux remarquables d'Amartya Sen, prix Nobel d'économie en 1998, ne laissent pas de le faire voir, de même qu'ils ont su démontrer comment des peuples différents, aux cultures différentes, peuvent partager des valeurs et des engagements communs, autour de la primauté de la liberté et de l'universalité des droits humains, par exemple[11]. La démocratie véritable est cependant extrêmement concrète et complexe, elle implique le dynamisme constant de recherches, de découvertes, de développements, de choix en vue du bien commun, qu'on s'efforce sans cesse de réaliser de manière pratique.

11. Cf., par exemple, Amartya Sen, *Development as Freedom*, New York, Alfred A. Knopf, 1999, spécialement les chapitres 6, « The Importance of Democracy », p. 146-159, et 10, « Culture and Human Rights », p. 227-248. Cf., en outre, Christine M. Koggel, *Perspectives on Equality. Constructing a Relational Theory*, New York, Rowman & Littlefield Publishers, 1998 ; et Christine M. Koggel (ed.), *Moral Issues in Global Perspective*, Peterborough, Broadview Press, 1999.

Elle suppose une éducation aidant chacune et chacun à se forger, de façon critique, une culture propre. Seule une telle culture pourrait sauver l'expert de son expertise, le technicien de sa technique, les sociétés humaines de la mondialisation de l'ignorance.

Le discours du scientifique, de l'économiste, du politique, de tout citoyen à vrai dire, ressortit à la culture et ne saurait faire l'économie de l'éthique. Celui de l'économiste, par exemple, ne saurait ignorer le fait massif de la pauvreté, sous peine de commettre lui aussi, en tant que citoyen ou être humain tout court, ce que Whitehead appelait le paralogisme du concret mal placé. Le langage qui nous est propre, à nous humains, fait en effet référence d'emblée au juste et à l'injuste, au bien et au mal. Quand d'ailleurs les mots de cet ordre ont perdu leur sens, la barbarie n'est pas loin ; seul le *logos*, la parole, offre une solution de rechange à la violence. Dans sa célèbre *Conférence sur l'éthique*, Wittgenstein allait jusqu'à qualifier l'éthique de « surnaturelle », et son langage de non « naturel » : on y affronte « les bornes du langage », écrivait-il. « Dans la mesure où l'éthique naît du désir de dire quelque chose de la signification ultime de la vie, du bien absolu, de ce qui a une valeur absolue, l'éthique ne peut pas être science. » Le lieu de vérification de ce que l'on avance en éthique est en effet bien différent des chaises et des tables, puisqu'on y fait appel à la conscience. De là la pertinence particulière du témoignage en éthique. On ne peut communiquer, argumenter, à propos du juste et de l'injuste, du bien et du mal, sans des mots et sans les concepts universels auxquels ces mots renvoient[12].

Le dénominateur commun de la vie de chacun des peuples du monde est ainsi leur culture, l'expression fondamentale et unificatrice de leur existence. Dire « culture », c'est alors exprimer l'identité nationale qui constitue l'âme des peuples et survit aux épreuves de tout genre. En fonction de sa culture, chaque peuple se distingue de l'autre, qu'il peut compléter par son propre apport spécifique. Maints pays pauvres en biens matériels, mais riches en culture, peuvent puissamment aider les autres à cet égard. Expression par excellence de l'esprit des peuples, la culture ne saurait être séparée de tous les

12. Ludwig Wittgenstein, *Leçons et conversations suivies de Conférence sur l'Éthique*, trad. Jacques Fauve, Paris, Gallimard, coll. « Idées », 1971, p. 155; et *Tractatus Logico-philosophicus*, 6. 421 : « Die Ethik ist transzendental ». Cf. Aristote, *Politique*, I, 2, 1253 a 9 – 1253 a 12.

autres problèmes de l'existence humaine – la paix, la liberté, la faim, l'emploi, par exemple. Leur solution dépend en effet d'elle, puisque c'est elle qui permet de les comprendre, de les situer dans la vie, d'y trouver remèdes ou de les prévenir. C'est encore elle, entendue dans le même sens large, qui garantit la croissance des peuples et préserve leur intégrité.

Ce qu'on appelle la crise économique est un effet patent de la crise éthique, voire plus radicalement encore, de la crise culturelle que nous traversons. Séparer l'éthique de la culture donne les résultats accablants du siècle dernier, Auschwitz en tête[13]. Il y a avant tout *une* crise. Le fléau de la pauvreté qui croît chaque jour de manière exponentielle est en réalité le fait de la fausse culture de l'économisme, c'est-à-dire de la théorie selon laquelle le socle des sociétés humaines serait l'économie. En résultent les immenses ravages de la pauvreté, dont les causes premières sont la rapacité et l'égoïsme. On n'a jamais été aussi riche en biens matériels qu'aujourd'hui, depuis qu'on a mis la

13. Nul n'a mieux articulé ces liens que George Steiner, à notre connaissance ; cf. entre autres *Dans le château de Barbe-Bleue. Notes pour une redéfinition de la culture* [1971], trad. Lucienne Lotringer, Paris, Gallimard, coll. « Folio », 1986.

spéculation au-dessus de la production et qu'on a réalisé, de surcroît, à quel point sont lucratives les armes de mort. Jamais biens et argents n'ont-ils été répartis de manière aussi inégale. La « main invisible » des seules lois du marché opère sauvagement, créant ces gouffres toujours plus grands et combien visibles, eux, entre riches et pauvres, d'une nation à l'autre, ou à l'intérieur de chacune. Tiers-Monde et Quart-Monde s'ensuivent.

Bien avant l'économie, il y a l'humain, un mot appelé à rendre un son étrange et dépassé à des oreilles barbares comme celles des responsables de ces guerres dans lesquelles n'a pas tardé à s'enliser le siècle qui débute. Malgré qu'on en ait, il faut répéter que ce qui doit être mis au centre des sociétés humaines, c'est bien plutôt le sens de l'humain, de la dignité humaine. Une autre manière de dire la même chose est d'affirmer, toujours à neuf, la priorité de la culture, entendue comme ce qui fait sens, permet de vivre *vraiment* en société humaine. Si on pouvait le reconnaître enfin dans les faits, l'économie même y gagnerait vite au-delà de tout ce qu'on peut croire, car on cesserait de mettre au premier rang les lois de la convoitise.

Nous possédons tous, disions-nous, un accès privilégié à la personne humaine.

Car nous savons toutes et tous, grâce à l'expérience ordinaire, ce que c'est que percevoir, sentir, désirer, penser, vouloir, aimer, et le reste, toutes réalités qui ne sont jamais accessibles, en tant que telles, aux sens externes. L'activité vivante de penser ne peut jamais être séparée, alors que nous pouvons – et nous le faisons parfois – séparer certaines opérations de pensée (les programmant dans un ordinateur, par exemple). Seuls ceux qui n'ont jamais aimé ne savent pas ce qu'est l'amour. Alors que nous ne voyons jamais ni notre conscience, ni notre pensée, ni notre amour, ni l'immense étendue de nos perceptions, émotions, imaginations, rêves, désirs, goûts et dégoûts, vices et vertus, aspirations, intentions, convictions, et ainsi de suite, tout cela constitue pourtant la substance de nos vies et de nos expériences en tant que personnes. Elles nous sont plus connues en ce sens-là – et sont à vrai dire ce qui compte le plus pour nous. De là vient qu'il soit vrai de dire que notre seul accès à l'autre personne en tant que personne est notre accès à nous-mêmes. Il est tout à fait légitime que nous exigions des définitions et des explications afin de clarifier toujours davantage notre compréhension de nous-mêmes et de notre comportement. Mais il reste que la condition essentielle pour juger de l'exactitude des réponses avancées – les définitions de la personne humaine incluses – n'est évidemment pas quelque connaissance de pointe relevant de domaines aussi spécifiques et bien définis que la physique, les mathématiques, la biologie ou la psychologie. La condition essentielle, c'est l'expérience humaine tout entière.

Il faut en outre, comme l'a admirablement marqué Amin Maalouf, que « personne ne se sente exclu de la civilisation commune qui est en train de naître, que chacun puisse y retrouver sa langue identitaire, et certains symboles de sa culture propre ». Mais aussi, « chacun devrait pouvoir inclure, dans ce qu'il estime être son identité, une composante nouvelle, appelée à prendre de plus en plus d'importance au cours du nouveau siècle, du nouveau millénaire : le sentiment d'appartenir aussi à l'aventure humaine[14] ».

La pierre de touche demeure, en un mot, le monde de notre responsabilité personnelle. Comme l'a rappelé avec une vigueur singulière Vaclav Havel, « des notions telles que la justice, l'honneur, la trahison, l'amitié, l'infidélité, le courage ou la compassion possèdent dans ce monde un contenu tout à fait concret, par rapport

14. Amin Maalouf, *Les identités meurtrières*, Paris, Le Livre de Poche, 2001, p. 187-188.

à des personnes concrètes, un contenu très important pour la vie concrète; bref, elles ont encore du poids ». Rien n'est plus décadent et une invite certaine aux pires violences qu'une « époque qui nie la signification contraignante de l'expérience personnelle – y compris celle du mystère et de l'absolu – et qui substitue, à l'absolu personnellement expérimenté comme mesure du monde, un absolu nouveau, créé par les hommes et qui n'a plus rien de mystérieux, un absolu libéré des "caprices" de la subjectivité, et, partant, l'absolu impersonnel et inhumain de la soi-disant "objectivité", de la connaissance rationnelle objective du projet scientifique sur le monde[15] ».

C'est la vie la plus « ordinaire » (si une telle chose existe) qui sollicite ainsi la première l'éveil de la conscience à un niveau profond. Il faudrait être singulièrement anesthésié pour ne point voir la vie, ne point voir l'esprit dans le regard d'autrui, dans un geste ou une parole, pour être fermé à l'émotion, la bonté, la joie, l'angoisse, la colère, l'admiration, la tendresse, la compréhension sur un visage. L'esprit n'a rien à voir avec le fantôme qu'ont

15. Vaclav Havel, « La politique et la conscience », dans *Essais politiques,* Paris, Calmann-Lévy, 1989, p. 223-247.

inventé les dualismes sommaires. Rien n'est en réalité plus concret, plus vivant, plus manifeste que l'esprit ; nous l'éprouvons dans l'expérience d'aimer ou celle de penser, nous le saisissons (et pouvons le contempler) chaque jour dans l'expression réelle du corps humain. Ainsi, selon les mots de Proust, chez nos « humbles frères » même lorsqu'ils sont peu instruits, « dans la lueur impossible à méconnaître de leurs yeux où pourtant elle ne s'applique à rien[16] ». Pour le nier, il faudrait faire fi de la vie humaine à son niveau le plus élémentaire. Fernand Dumont parlait, avec justesse, d'« une abolition de la transcendance », du « brouillage de figures tangibles susceptibles de rallier de haut l'accord des esprits ». Or la « figure tangible » par excellence, c'est l'être humain. La reconnaissance de son unique dignité est, elle, susceptible de rallier les esprits[17].

16. Marcel Proust, *À l'ombre des jeunes filles en fleur*, dans *À la recherche du temps perdu*, Paris, Robert Laffont, coll. « Bouquins », 1987, vol. 1, p. 539.

17. Fernand Dumont, *L'avenir de la mémoire*, Québec, Nuit Blanche Éditeur, 1995, p. 49.

IV

Réflexions sur le bonheur

Comment donner tort à Pascal lorsqu'il écrit : « Tous les hommes recherchent d'être heureux; cela est sans exception; quelques différents moyens qu'ils y emploient, ils tendent tous à ce but. (...) C'est le motif de toutes les actions de tous les hommes, jusqu'à ceux qui vont se pendre » (*Pensées*, Brunschvicg, 425; Lafuma, 148).

En d'autres termes, même nos suicidés recherchent le bonheur, jusqu'en leur autodestruction. Voilà bien une contradiction au moins apparente, puisqu'ils abolissent du même coup tous leurs possibles. Car il reste toujours l'imprévisible de la vie. « Nul ne sait quelle rencontre il fera demain ou après-demain, qui bouleversera peut-être sa vie s'il se laisse rencontrer[1]. »

1. Lytta Basset, *La joie imprenable*, Paris, Albin Michel, 2004, p. 17.

Cela étant dit, qu'est-ce donc, dès lors, que ce bonheur que l'on cherche ainsi jusqu'au désespoir ?

Question redoutable, qu'on préfère trop souvent éviter. « Les hommes n'ayant pu guérir la mort, la misère, l'ignorance, ils se sont avisés, pour se rendre heureux, de n'y point penser », remarquait encore Pascal (*Pensées*, B 168 ; L 134). C'est, insistait-il, que « Nonobstant ces misères, [l'être humain] veut être heureux, et ne veut être qu'heureux, et ne peut ne vouloir pas l'être ; mais comment s'y prendra-t-il ? » (B 169 ; L 133). Comme s'il avait pressenti notre actuel Mac World (Benjamin Barber), il ajoutait : « La seule chose qui nous console de nos misères est le divertissement, et cependant c'est la plus grande de nos misères. Car c'est cela qui nous empêche principalement de songer à nous, et qui nous fait perdre insensiblement (...) » (B 171 ; L 414).

Avec humour et brio, Milan Kundera considère comme « la plus grande découverte d'un siècle si fier de sa raison scientifique » celle que fit Flaubert de la bêtise ; « la bêtise ne s'efface pas devant la science, la technique, le progrès, la modernité, au contraire, avec le progrès, elle progresse elle aussi ». Sa figure est aujourd'hui celle de la « non-pensée des idées reçues » dont le flot est programmé sur ordinateurs, propagé par les médias[2]. À vous de voir si ce jugement est trop sévère. Mais n'y a-t-il pas, de toute manière, lieu de s'interroger face à la joyeuse niaiserie et la violence verbale qui font le pain de certains de nos médias, et de poser à neuf la question : pourquoi cette fuite de soi dans le divertissement le plus insignifiant possible ?

La question la plus redoutable, cependant, est bien plutôt la suivante. Tout être humain doit affronter maintes vicissitudes jusqu'à l'épreuve de la mort. La question fondamentale qui se pose à nous tous et toutes est donc de savoir comment être heureux même dans le malheur. Notre propre malheur, certes, à commencer par le pire de tous, notre mort à venir, mais également la souffrance d'autrui. Comment être heureux quand le monde va si mal ?

Permettez-moi enfin une troisième remarque initiale. Il y a des formes de tristesse qui appellent la plus vive compassion. Ainsi celle que suscite la perte d'un être très cher. Mais il est d'autres tristesses qui agissent comme un poison, à commencer par la pire d'entre elles, la paresse, qu'on a défini avec justesse : « Tristesse devant la difficulté du bien. »

---

2. Milan Kundera, *L'art du roman*, Paris, Gallimard, 1986 ; coll. « Folio », 1995, p. 195-197.

« Le bonheur suppose sans doute toujours quelque inquiétude, quelque passion, une pointe de douleur qui nous éveille à nous-même, écrivait le philosophe Alain (...). L'homme qui ne fait rien n'aime rien. » Il remarque en outre qu'« il n'est pas difficile d'être malheureux ou mécontent; il suffit de s'asseoir, comme fait un prince qui attend qu'on l'amuse ; ce regard qui guette et pèse le bonheur comme une denrée jette sur toutes choses la couleur de l'ennui. (...) L'on ne peut distraire ceux qui s'ennuient d'eux-mêmes ». Et enfin : « L'égoïste est triste parce qu'il attend le bonheur; même sans aucun de ces petits malheurs qui ne manquent guère, l'ennui vient; c'est donc la loi d'ennui et de malheur que l'égoïste impose à ceux qui l'aiment ou qui le craignent. Au contraire, la bonne humeur a quelque chose de généreux ; elle donne plutôt qu'elle ne reçoit[3] ».

Nous venons d'entrevoir, en somme, trois questions : 1) *Qu'est-ce que la vie heureuse ?* 2) *À quelles conditions le bonheur personnel ?* 3) *Qu'en est-il du bonheur des autres ?* Pour tenter d'y répondre, mon exposé se divisera en cinq étapes.

---

3. Alain, *Propos I*, Paris, Gallimard, coll. « Bibliothèque de la Pléiade », 1956; respectivement, p. 28, 472, 479.

1 – Qu'est-ce que le bonheur, ou la vie heureuse ?

« Est heureux qui a tout ce qu'il <ou elle> veut » (saint Augustin, *De Trinitate*, XIII, 5). « Est heureux qui se réjouit de son existence même » (Hegel, Glockner 11, p. 56). Nous retrouvons en de tels propos ce qui semble universellement reconnu, à savoir que nous recherchons le bonheur toujours pour lui-même et jamais en vue d'une autre chose, ce qui explique pourquoi on a vite fait de constater que l'argent, lequel a si manifestement la nature d'un moyen, ou même le pouvoir, qui a, lui, si manifestement la nature d'un commencement – oui, le pouvoir, mais pour faire quoi au juste ? – ne résistent jamais à l'analyse critique. Beaucoup plus plausibles sont les honneurs, le plaisir, l'intelligence, car ils sont désirables pour eux-mêmes, mais il reste que nous les choisissons en vue du bonheur et non le bonheur en vue d'eux.

Tel est dès longtemps le constat des sagesses. Ce qui toutefois disqualifie en outre les honneurs et les plaisirs, me semble-t-il, est qu'ils dégénèrent trop facilement en « drogues ». Or les drogues asservissent. C'est très clair s'agissant des drogues au sens premier du terme, puisqu'elles emprisonnent rapidement leurs victimes dans des enfers. Inutile d'insister ici, chacun le sait, en principe. Mais il y a bien d'autres dépendances fatales qui rendent prisonniers : d'illusoires richesses, par exemple, ou des jeux abrutissants. On dit avec raison d'une habitude dont on ne peut plus se passer : « C'est sa drogue. » Cela revient à dire que telle personne est conditionnée de telle sorte qu'elle pense ne plus pouvoir agir autrement. Elle appartient à sa drogue plutôt qu'à elle-même. Elle n'est plus libre, elle est prisonnière d'une misère aliénante, mortelle.

On l'entrevoit déjà, liberté et bonheur semblent aller essentiellement de pair.

Je reprends dès lors ma question : où trouver le bonheur ?

Socrate s'adressant aux Athéniens qui le condamneront à mort, s'offre comme un premier guide. « Il me semble que le dieu a adjoint à la cité quelqu'un comme moi afin que je ne cesse de vous réveiller (...). Mais vous, probablement irrités comme ceux que l'on réveille alors qu'ils s'étaient assoupis, vous écouterez peut-être Anytos et me mettrez facilement à mort (...). Vous pourriez ensuite passer tout le reste de votre vie à sommeiller. À moins que le dieu, ayant soin de vous, ne vous envoie quelqu'un d'autre[4] ».

4. Platon, *Apologie de Socrate*, 30 e-31 a, trad. Frédéric Têtu et Bernard Boulet.

Bien avant Socrate, Héraclite reprochait déjà à la plupart des humains de mener « tout éveillés, une vie de dormeurs ». « Ce qu'ils font éveillés leur échappe [déclare le fragment 1], tout comme leur échappe ce qu'ils oublient en dormant » (DK 22 B 1). Le fragment 89 ajoute la précision suivante : « Il y a pour les éveillés un monde unique et commun, mais chacun des endormis se détourne dans un monde particulier » (DK 22 B 89).

Le sommeil est nécessaire et peut être fort agréable, mais personne ne souhaiterait vraiment dormir tout le temps. Personne ne souhaiterait non plus se trouver constamment hors de son bon sens, dément ou sot. Peu sans doute, aussi bien, souhaiteraient, au moins consciemment, être ce « mort-vivant » dont parlait Einstein dans les termes que voici : « J'éprouve l'émotion la plus forte devant le mystère de la vie. Ce sentiment fonde le beau et le vrai, il suscite l'art et la science. Si quelqu'un ne connaît pas cette sensation ou ne peut plus ressentir étonnement ou surprise, il est un mort-vivant et ses yeux sont désormais aveugles[5]. »

5. Albert Einstein, *Comment je vois le monde*, trad. Maurice Solovine et Régis Hanrion, Paris, Flammarion, coll. « Champs », 1979, p. 10.

Ces trois contraires de la vie – la folie, le sommeil et la mort – sont les trois contraires de la vie heureuse, remarquait Aristote en son *Protreptique.* Car « pour nous, vivre, c'est être éveillé ». Ce thème de l'éveil est central également dans les sagesses orientales. « Bodhi » signifie « éveil », et « Bouddha » « l'Éveillé ». Le non-réveil et l'ignorance vont de pair. Mâyâ, qui signifie littéralement « illusion, tromperie, apparence », est un principe universel de la philosophie du Vedânta.

Ludwig Wittgenstein ne dit rien d'autre de nos jours, encore qu'en des termes différents : « Les aspects des choses les plus importants pour nous sont cachés en vertu de leur simplicité et de leur familiarité. (On est incapable de remarquer quelque chose, parce qu'on l'a toujours sous les yeux.) Les véritables fondements de sa recherche ne frappent pas du tout l'être humain. À moins que *ce* fait-là ne l'ait une fois frappé. Et cela signifie : que nous manquons d'être frappés par ce qui, une fois vu, est le plus frappant et le plus puissant » (*Philosophical Investigations,* I, 129).

L'idée suggérée est par conséquent que l'être humain n'a pas proprement vécu sa vie, sa liberté, tant qu'il ne s'est interrogé, étonné, émerveillé – ou éveillé tout simplement : c'est la même chose. Une vie sans éveil ne vaut pas la peine d'être vécue.

En déclarant que la plupart des humains sont malheureusement endormis en plein jour, Héraclite avance qu'ils ne sont pas dans la réalité.

Comme le marque à juste titre Robert Spaemann, à la question « que voulons-nous véritablement et au fond », la réponse semble donc bien être : « Nous *voulons* en effet la réalité. Nous ne voulons pas, si toutefois nous ne sommes ni malades ni dépendants, une euphorie illusoire, mais un bonheur qui repose sur un contact avec la réalité effective. » Spaemann observe, de plus : « Il est remarquable que, alors que nous nous trouvons dans des états physiques de plaisir, nous pouvons nous trouver en même temps dans une humeur générale dépressive. Et qu'à l'inverse nous pouvons vivre dans une joie intense tout en éprouvant dans le même temps une douleur physique, à supposer que cette douleur ne soit pas intense au point d'absorber toute notre attention. (...) Le dépressif n'a rien à faire du plaisir ; mais celui qui se réjouit – se réjouit ».

La joie a un contenu. Le paradoxe est que celui ou celle « qui fait du plaisir et du bien-être subjectif le thème de sa vie et le but de ses actions n'éprouvera pas du tout ce mode plus profond du bien-être que nous nommons la joie. Cette dernière n'est connue que de celui qui s'ouvre à la valeur de la réalité effective dans sa richesse, qui est capable de se décentrer de soi et comme nous le disions, de se réjouir *de quelque chose ou à propos de quelque chose* ». La culture permet de sortir du repli animal, d'objectiver et de différencier ses intérêts, augmentant ainsi sa capacité de joie et de douleur. La tâche de l'éducation est d'apprendre aux humains à s'intéresser à quelque chose. On ne peut être heureux à ne défendre que ses intérêts propres. « C'est pourquoi la culture (*Bildung*), la formation (*Herausbildung*) d'intérêts objectifs, la perception du contenu de valeur de la réalité effective, est un élément essentiel de la vie accomplie[6]. »

« Le bonheur que l'on se fait ne trompe point, écrivait encore Alain. C'est apprendre, et l'on apprend toujours. Plus on sait, et plus on est capable d'apprendre. (...) Le signe du progrès véritable en toute action est le plaisir qu'on sait y prendre. D'où l'on voit que le travail est la seule chose délicieuse, et qui suffit. J'entends le travail libre, effet de puissance à la fois et source de puissance. Encore une fois, non point subir, mais agir. (...) Ce plaisir est

6. Robert Spaemann, *Notions fondamentales de morale*, trad. Stéphane Robilliard, Paris, Flammarion, coll. « Champs », 1999, p. 42-45.

dans tout métier, car l'ouvrier invente et apprend toujours[7]. »

Peut-être est-ce là ce qu'entendaient les sages antiques et modernes qui ont soutenu que le bonheur est lié avant tout à une forme ou l'autre de contemplation ; cette dernière n'ayant rien de statique, s'avérant bien plutôt dynamisme pur, celui de la vie incessante de l'esprit, comparable au feu et à la lumière. Les études, l'activité de penser, d'apprendre, la recherche du beau, ouvrent à la réalité, dilatent et réchauffent, comme l'amour quand il est authentique, animées par ce « désir éperdu de clarté » dont a si bien parlé Albert Camus.

2 – Le lieu de l'humain

Mais il faut aller plus avant. Dans son roman, *L'insoutenable légèreté de l'être,* Milan Kundera faisait ressortir de façon émouvante le contraste entre la « légèreté de l'être », c'est-à-dire la frivolité systématique, et la pesanteur qui survit dans le cœur humain, la pesanteur de l'amour et de la fidélité, de la compassion, de la conscience d'avoir à mourir. Il démontrait que le côté officiel de la société dans les pays d'Europe de l'Est avant 1989 était

7. Alain, *Propos I,* p. 636.

tout entier du kitsch, cependant que son vrai visage était d'un cynisme achevé. Le socialisme obligatoire avait rendu fausses, et dans la vie et dans l'art, la pesanteur et la responsabilité dans nos vies, et en avait fait du kitsch.

À quoi veux-je en venir? Je ne citerai que quelques phrases : « Au royaume du kitsch totalitaire, les réponses sont données d'avance et excluent toute question nouvelle. Il en découle que le véritable adversaire du kitsch totalitaire, c'est l'homme qui interroge. » Or il n'est pas difficile de déceler les ressemblances avec le kitsch équivalent en nos sociétés.

Quand vous êtes bien éveillés, vous discernez, vous voyez plus clair. Toutes les perceptions sont alors plus nettes, vous discernez les contrastes, les oppositions, de même qu'entre la lumière et l'ombre, l'illusion et la réalité. Or le discernement est affaire de vie ou de mort. Cela est manifeste déjà dans l'étymologie des mots que nos langues utilisent pour signifier le discernement, le jugement. Le verbe grec *krinein* (signifiant « séparer », « juger », « décider »), d'où dérivent « critique », « critère », et le reste, renvoie d'abord à une fonction physiologique des plus fondamentales, celle d'éliminer de l'organisme les substances nocives : si nos reins cessent de « critiquer », nous mourons. Le verbe latin *cernere*, contenu dans le mot « discernement », obéit au même schème de significations : il s'agit de séparer le bon du mauvais à tous les niveaux. *Excrementum* a la même racine; la juste perception de cela chez Kundera est tout à fait remarquable : le kitsch « par essence, est la négation absolue » de l'*excrementum*; « au sens littéral comme au sens figuré; le kitsch exclut de son champ de vision tout ce que l'existence humaine a d'essentiellement inacceptable ». Or, « s'il n'y a aucune différence entre le noble et le vil (...), l'existence humaine perd ses dimensions et devient d'une insoutenable légèreté ». Le « kitsch est un paravent qui dissimule la mort[8] ».

Bref, encore que moins immédiatement apparentes, l'intoxication mentale et l'intoxication affective ne sont pas moins mortelles – elles le sont sans doute davantage même, témoin le suicide – que l'intoxication physiologique; à chaque niveau le discernement est bel et bien affaire de vie ou de mort.

Jean Ladrière l'a excellemment rappelé, le mot du grand poète Hölderlin, *dichterisch wohnt der Mensch*, « c'est poétiquement que

8. Milan Kundera, *L'insoutenable légèreté de l'être*, trad. François Kérel, Paris, Gallimard, 1984, p. 312, 307, 318, 319, 323.

l'homme habite », décrit en revanche une réalité éminemment concrète et fondamentale – dont témoigne à nouveau la sagesse inscrite dans la langue ordinaire. Le fait que nos « habitudes » et nos « habitus » forgent notre « habitat » essentiel, notre caractère même, est bien rendu dans la double étymologie du mot « éthique » (à la fois *ethos,* « habitude, mœurs » et *êthos,* « antre », « demeure », « caractère »), tout comme dans le fragment célèbre d'Héraclite, *êthos anthrôpoi daimôn* (traduction littérale courante : « Son caractère est le destin de l'homme »). Cette association au niveau des mots déjà est étonnamment constante et ne se limite pas au grec ou au latin; ainsi en allemand, où les connotations entre *Gewohnheit, Wohnung, wohnen,* sont aussi évidentes que celles que préservent en français « habitation », « habitat », « habiter », « habitudes », « habitus » et les mots anglais correspondants; *Sittlichkeit* (« moralité ») évoque *Sitten* (mœurs), et *Sitte* – relève Hegel – renvoie à *Sitz,* « siège », « résidence ».

Si de grands philosophes ont insisté de la sorte sur ces faits linguistiques récurrents, qui ne seraient autrement que pédanteries, c'est que ces derniers indiquent de manière persistante un aspect fondamental de l'existence humaine : le premier lieu que nous habitons, qu'il nous est impossible de jamais quitter, c'est nous-mêmes. Dire que l'être humain habite « poétiquement », c'est rappeler que la ville de l'enfance n'est pas tant ce lieu concret où nous avons habité que cette seule ville où, toujours, nous habitons, qui est dans notre imagination et dans notre cœur, peuplée de tous ceux et celles que nous aimons, de ceux et celles aussi qui ont veillé sur nous et qui nous ont quittés, dont le visage s'est effacé, mais la présence demeure, et les paroles et le sourire. La ville qui compte pour nous, c'est celle que nous portons en nous, c'est le lieu où l'on a découvert la beauté, l'universel, la fragilité et la puissance de la vie, la fuite du temps, ses promesses, la tristesse, le désenchantement, l'insensé, la joie, l'amour, la vie du sens se construisant dans une approximation permanente.

L'amour précède la raison, dans l'éducation. Le beau également. La formation des personnes commence bien avant l'école. Saint-Exupéry l'a dit mieux que quiconque, sans doute, à la fin de *Terre des hommes*. Si Mozart avait grandi dans un milieu de musique pourrie, même Mozart aurait été assassiné. Un minimum de culture musicale est nécessaire même pour qui a une nature aussi prodigieusement douée que celle de Mozart pour la musique. Or cette observation se transpose dans tous les ordres, voire pour la vie humaine tout entière. Quand dans les jardins naît une rose nouvelle, les jardiniers s'émeuvent, écrit Saint-Exupéry. « On isole la rose, on cultive la rose, on la favorise. Mais il n'est point de jardinier pour les hommes. Mozart enfant sera marqué comme les autres par la machine à emboutir. Mozart fera ses plus hautes joies de musique pourrie, dans la puanteur des cafés-concerts. Mozart est condamné. (...) Ce qui me tourmente, c'est le point de vue du jardinier. (...) C'est un peu, dans chacun de ces hommes, Mozart assassiné[9]. »

L'épanouissement de chacune et chacun dépend profondément de la culture ambiante, qui peut assassiner, le mot n'est pas trop fort, puisqu'il s'agit de ce qui fait sens, donne le goût de vivre une vie humaine, du désir de dépassement, de la soif d'apprendre, de comprendre, de contempler. Il n'y aura pas d'efforts plus tard « sans au fond, au fond de soi, le merveilleux et le miraculeux placé par l'enfance » (Paul Valéry). Si la balourdise qui tue l'émerveillement mérite la pire des malédictions, c'est que sa victime est ce que nous avons chacune et chacun de

9. Antoine de Saint-Exupéry, *Terre des hommes*, Paris, Gallimard, coll. « Folio », 1971, p. 181-182.

meilleur, de plus déterminant en nous : le souffle même de vie qui donne sens ou à tout le moins permet d'en chercher un, et qui est l'esprit[10].

3 – Culture, éthique et affectivité

Ortega a une belle image – celle du naufrage – pour décrire la vie humaine telle que consciemment vécue, du dedans pour ainsi dire (par opposition à la perspective du botaniste quant à la plante[11]). Au moment d'un naufrage, on met de côté tout l'inessentiel, tout le superflu. On vise tout à coup l'essentiel – la vie même.

La conscience du naufrage qui menace constamment toute vie humaine, sur le

10. Paul Valéry, *Cahiers II*, éd. Judith Robinson, Paris, Gallimard, coll. « Bibliothèque de la Pléiade », 1974, p. 1555. Entre huit et treize ans, la vie des enfants est empreinte d'émerveillement, observe de son côté Whitehead, qui ajoute : « (…) and cursed be the dullard who destroys wonder » (« maudit soit le balourd qui tue l'émerveillement ») (A. N. Whitehead, *The Aims of Education*, New York, The Free Press, 1967, p. 32).
11. Cf. José Ortega y Gasset, « Goethe desde dentro » (1932), dans *Obras Completas*, IV, Madrid, Revista de Occidente, 1957, p. 397 sq.

plan psychologique, spirituel et le reste, autant que sur le plan physique, ramène, elle aussi, à l'essentiel. Le nageur doit *toujours* nager s'il ne veut pas s'engloutir dans les flots. Même s'il est appelé à nager de mieux en mieux, les mouvements qui lui permettent de surnager et d'avancer doivent invariablement revenir au même point de départ. Semblablement, l'amante et l'amant doivent poser sans cesse comme au premier jour la question de leur amour – sans quoi il périt vite. Il en va de même de la prière; elle est un perpétuel retour à l'origine. Le chercheur doit chaque jour poser à neuf ses questions – sans quoi il périclite, passe vite outre-tombe : selon l'expression d'Einstein que je citais, celle ou celui qui cesse de s'émerveiller est un « mort-vivant ». Le point de départ est souvent si vital qu'il s'avère indépassable.

Cette réaction contre notre propre destruction, ce retour perpétuel au commencement pour ne pas s'engloutir (tel le mouvement des bras dans la nage), n'est autre que la culture, au sens hérité de Cicéron, de *cultura animi*, de « culture de l'esprit », qui inclut bien entendu le sens des valeurs, l'épanouissement de l'affectivité et de l'intelligence à la fois. La vie humaine est un drame, une lutte qui a constamment besoin de sens. Parce qu'elle est la vérité de la vie, la conscience du naufrage est indispensable. Sans la culture au sens dit, la vie humaine s'autodétruit.

Des siècles de culture pourraient parfois donner un sentiment illusoire de sécurité et charger dès lors d'un poids parasitaire et lymphatique. Aussi est-il salutaire de soumettre à son tour la culture elle-même à l'épreuve du naufrage. Or ce qui permet à la culture elle-même d'éviter le naufrage, le plus essentiel parmi l'essentiel, le noyau du noyau, ce qui donne sens aux choix, à la liberté de chacune et de chacun, c'est l'éthique. Auschwitz a fourni le paradigme de ce qui se passe lorsqu'on sépare culture et éthique. Paradigme largement suivi depuis, au Rwanda, au Cambodge, en Bosnie, au Kosovo, au Timor oriental, au Soudan, pour ne citer parmi tant d'autres que des exemples entre les plus récents et les plus médiatisés.

Nous pouvons par conséquent pressentir déjà que le défi par excellence, peut-être le plus grand enjeu pour notre société, demeure le *défi éthique*. Cependant ce dernier est lié au bout du compte à l'action singulière concrète, qui est toujours en réalité une création contingente, inédite. D'où la difficulté de la vie éthique, mais aussi sa grandeur. L'agir éthique n'est jamais donné d'avance et n'admet pas de solution toute faite. Au centre de toute réflexion éthique se découvre le caractère ineffable de toute décision morale, dans le maquis de circonstances souvent largement imprévues et imprévisibles, que seuls peuvent assurer un véritable *sens des valeurs* et la clarté des consciences. La problématique éthique vient du désir profond d'une réalisation authentique de soi qu'on a en charge d'assumer par soi-même, dans son action ou, si on veut, du sens de la responsabilité de l'être qu'on se donne en agissant. Elle vient du poids de la liberté.

Nous nous découvrons ainsi comme des questions pour nous-mêmes, comme des réalités à être, non toutes faites, dont nous portons la responsabilité. Dans les termes de Jean Ladrière, « la médiation la plus significative, la plus décisive, la plus chargée de potentialités et aussi de périls, c'est, pour chaque liberté, celle des autres libertés. Le domaine des relations humaines est, par excellence, quoique non de façon exclusive, le lieu de l'éthique[12] ».

Construction du sens, disions-nous. Qu'est-ce que cela signifie ? Non la moindre des constructions est justement celle de la liberté. Le pire des enfermements est d'ordre affectif pour commencer. Or, comme l'a montré Michel Henry,

---

12. Jean Ladrière, *L'éthique dans l'univers de la rationalité*, Namur, Artel ; Québec, Fides, coll. « Catalyses », 1997, p. 203.

l'affectivité, c'est-à-dire la capacité en chacun d'être affecté, est dans son essence auto-affection, capacité en même temps de « se recevoir, de s'éprouver soi-même, d'être affecté par soi[13] ». Quand je suis triste, je subis ma tristesse, quand je suis joyeux, amoureux, je m'éprouve dans cette joie et en cet amour. Or justement, cette capacité évolue, bien ou mal, et est soumise, elle aussi, à un apprentissage. Certes il y a une disposition innée au départ, plus ou moins grande même, comme pour toutes choses, en nous. Mais cette disposition peut être assassinée, de même que Mozart peut être assassiné, que même un talent musical aussi immense que le sien peut être tué dans l'œuf, comme je viens de le rappeler. Car cette disposition, la « sensibilité » même qui nous définit et dont le rôle dans la vie de chacune et chacun est si primordial, au point de la colorer tout entière et de lui donner toute sa saveur, sa vivacité première, il se trouve qu'elle est parfaitement indéterminée au départ, elle aussi.

Ce serait, en un mot, une illusion de croire que nos identités personnelles ne se forgeraient qu'en une sorte de monologue

13. Cf. Michel Henry, *L'essence de la manifestation*, Paris, Presses Universitaires de France, coll. « Épiméthée », 1990, p. 580 et *passim*.

solitaire, alors que l'interaction avec d'autres, à coup de dialogues externes et internes, souvent de luttes, est cruciale. La conversation avec tels de nos amis (ou ennemis), avec nos parents certainement, se poursuit en nous jusqu'à la fin de nos vies. Découvrir à quel point la constitution de notre moi intime aura été affectée par de telles relations d'échange précises, spéciales, avec autrui, aide à mieux saisir la portée de l'enracinement dans une culture. L'une des questions majeures posées par l'ethnologie concerne ce que l'on a appelé justement « l'altérité essentielle ou intime », dont les représentations, dans les systèmes qu'étudie l'ethnologie, « en situent la nécessité au cœur même de l'individualité, interdisant du même coup de dissocier la question de l'identité collective de celle de l'identité individuelle[14] ».

Ainsi, « les idées qui ont trait à la "vie bonne" ne sont nullement des représentations que l'on évoque comme un devoir abstrait : elles imprègnent l'identité des groupes et des individus au point qu'elles font partie intégrante de la culture ou de la personnalité de chacun » (Habermas). Ce ne sont pas les régimes politiques ni les

14. Marc Augé, *Non-lieux. Introduction à une anthropologie de la surmodernité*, Paris, Seuil, 1992, p. 29-30.

modes de production qui, les premiers, déterminent l'évolution des sociétés, mais bien la culture. Il n'est, pour s'en convaincre, que de constater à quel point aujourd'hui les nouveaux pouvoirs de la communication restructurent tant l'action politique que la vie sociale, le monde de l'économie que celui de la science même.

Nous existons dans la réciprocité, en particulier dans le langage, figure par excellence de la culture. Mes échanges avec l'autre supposent à la fois altérité et parité, notre égalité et notre liberté dans la parole, traits caractéristiques de la justice. La réflexion contemporaine sur l'autre et sur son visage a mis en relief la dimension d'emblée éthique des rapports proprement humains ; à l'instar de la beauté, la « pauvreté essentielle », la vulnérabilité de l'humain en tant que tel, oblige. L'autre qui est là résiste de toute son altérité à sa réduction au même ; il n'est pas une illustration de la catégorie d'autrui, il est quelqu'un qui ne s'invente pas, qui est proprement inimaginable.

La toute première condition de la vision et de l'écoute des personnes et des choses *est* l'affectivité. L'importance extraordinaire, le rôle si déterminant et profond des émotions, des passions, de la dimension affective de l'expérience humaine, nous échappent trop souvent, à nos plus grands dépens. Combien pauvres seraient nos vies sans la variété infinie des tonalités affectives, les nuances multiples que nous vaut à chaque instant notre affectivité. Les états affectifs recèlent des intentions dans leur dynamisme intérieur. L'affectivité concentre notre attention sur les valeurs que l'autre fait naître en nous.

Il y a une découverte émotive de la valeur de telle personne, par exemple, une présence de l'autre dans l'émotion. Mais une présence aussi à soi-même en même temps. La nostalgie en l'absence de l'être aimé, la joie en sa présence, le démontrent. L'amour s'apprend, par l'amour reçu d'abord, qui le premier donne le goût de vivre en donnant sens à l'existence. On peut citer ici à nouveau ces mots de Sartre : « C'est là le fond de la joie d'amour, lorsqu'elle existe : nous sentir justifiés d'exister »[15]. L'amour déclare : « Il est bon que tu existes » ; la haine cherche au contraire l'exclusion, l'élimination ; elle est aveugle et homicide. Le désir de reconnaissance (*Anerkennung*), si profond en chaque être humain, trouve sa forme la plus parfaite dans le désir d'être aimé et d'aimer en retour.

---

15. Jean-Paul Sartre, *L'être et le néant*, Paris, Gallimard, 1943, p. 439.

« Il est toujours difficile d'être heureux; c'est un combat (...) ; mais c'est le devoir le plus clair peut-être de ne point se dire vaincu avant d'avoir lutté de toutes ses forces (...). Il faut donc vouloir son bonheur et le faire. Ce que l'on n'a point assez dit, c'est que c'est un devoir aussi envers les autres que d'être heureux (...). Aussi n'y a-t-il rien de plus profond dans l'amour que le serment d'être heureux[16]. »

Songez un moment, par contraste, à ce concept du *double bind*, du système de la double contrainte, que nous devons à Gregory Bateson, et qui jette une lumière remarquable sur la schizophrénie. La mère dit à son enfant qu'elle l'aime, mais il sent bien que c'est faux. Que peut-il face à ces deux messages contradictoires? Que signifie pour lui le mot aimer? L'étau semble impossible à esquiver autrement que par un dédoublement schizophrénique.

Ainsi donc, par l'affectivité nous sommes faits dépendants des autres, du monde, exposés, passifs. Cette passivité est à la fois ouverture et dépassement. Le sentiment ne se manifeste pas, en somme, sous la forme d'une représentation, d'une idée, mais plutôt comme une épreuve concrète. Il est toujours et nécessairement tel sentiment particulier – la joie, telle joie, la tristesse,

16. Alain, *Propos I*, p. 472-473.

telle tristesse, la peur, telle peur –, avec par suite une tonalité qui n'est que de lui et qui ne peut se saisir que dans le moment même où on l'éprouve. La tristesse n'est pas, si on veut, le monde, mais une modalité de ma présence à moi-même, où le monde apparaît comme triste d'abord et essentiellement parce que *je suis* triste. Tant et si bien que je me reçois ainsi à tout instant dans ma contingence même. La vie n'est pas présente *devant* nous. Le soi est affectivité, il est possibilité d'être affecté par lui-même. Il s'éprouve dans le sentiment, dans une disposition à subir, à recevoir le monde même. Jamais achevé, le moi est « une suite mélodique d'états affectifs », nullement une sommation d'instants discontinus, mais bien plutôt « un enchaînement fondu, continu » (Jean Ladrière).

4 – Les arts

Dans toutes les modalités affectives se découvrent deux tonalités fondamentales : l'angoisse face à la contingence de nos vies, l'imminence en elles de la mort; mais aussi l'exaltation, la joie, devant la promesse qui traverse nos vies – joie de l'esprit (beauté), joie du cœur. Les arts ne cessent de le rappeler ou de le célébrer. De même, le visage se révèle à la manière d'une mélodie, où chaque moment exprime un tout, qui n'est aucunement une addition de parties, mais une manifestation progressive de soi. La perception d'une personne est celle d'une présence où se livre la vie même, porteuse de possibilités infinies. Le visage, la mélodie et la vie sont, en d'autres termes, des touts dynamiques. Chaque personne a une « essence », une figure unique, incomparable – non pas « intelligible », mais « affective ». Dans cet ordre d'expérience, « *tout comprendre est affectif* » (Michel Henry).

Notre vie concrète en ce monde – la vie humaine, l'histoire individuelle, l'histoire de l'humanité – est perpétuel devenir en son essence même, croissance et dépérissement à la fois, constamment menacée autant sur le plan spirituel que sur le plan physique. De là ces images si fréquentes, en littérature, du voyage, du naufrage, du cheminement (Ulysse, Don Quichotte, tant d'autres) vers un but souvent obscur au départ, mais pouvant donner sens à la démarche, la voie choisie, la « méthode » (*hodos*, « chemin », « voie », est dans *methodos*). Tension et recherche de sens que reflète à merveille la musique.

Ces images et d'autres semblables s'appliquent en outre aux vies diverses (intelligence, imagination, mémoire, affectivité, par exemple) que nous menons parallèlement en notre for intérieur, de manière largement inconsciente, où le discernement se fait souvent insensiblement, mais dont la croissance, l'autodéveloppement, trouvent une expression unique dans les arts. Tous les arts sont médiateurs de sens, chacun toutefois de manière irremplaçable. Nous sommes ici à l'antipode du divertissement insignifiant, lequel satisfait bien plutôt au premier précepte de toute tyrannie, qui est d'avilir les esprits.

La catharsis de l'humour véritable a l'avantage d'être accessible à tous. Ce dernier implique une saisie de l'ineffable : rien de plus profond à cet égard. Rien de plus réaliste aussi bien, en un sens proche du réalisme des poètes si justement marqué par Robert Louis Stevenson : « Le véritable réalisme, toujours et partout, est celui des poètes : découvrir où réside la joie, et lui donner une voix bien au-delà du chant. Car manquer la joie, c'est tout manquer. Dans la joie des acteurs réside le sens de toute action. » Chesterton jugeait l'humour plus « divin » même que l'esprit (« wit »), du fait qu'il a davantage « le sens des mystères ». Il suppose l'humilité, la capacité de rire de soi, de pressentir *autrement* l'énigme de la contingence. Il fait voir, jusque dans le détail de la vie immédiate, l'incongruité de notre condition et présuppose, par conséquent, son dépassement, une perception aiguë de notre étrangeté et des formes variées du non-sens. Comme l'ironie, il « sollicite l'intellection » (Vladimir Jankélévitch), pourrait-on dire, puisqu'il exige la saisie simultanée des contraires, de l'immensité intérieure au regard de la finitude du corps, par exemple. Mais il est plus pénétrant que l'ironie, d'autant qu'il implique une connaissance pratique de soi et l'équilibre de toute la personnalité. Aussi n'est-il point de plus sûr indice de bêtise, mais aussi de fanatisme, de graves déficiences caractérielles, que l'absence d'humour[17].

En un mot, cette dialogique grâce à laquelle l'identité de chacune et chacun de nous s'élabore et se transforme tout au long de l'existence, passe par le langage des arts, des gestes, de l'amour, le partage des joies et des peines. C'est bien ce que veut dire au moins en partie « les hommes habitent » et « habiter poétiquement ». Nous nous construisons dans la relation, dans la communication, le

---

17. Robert Louis Stevenson, « Les porteurs de lanterne », dans *Essais sur l'art et la fiction*, trad. France-Marie Watkins et Michel Le Bris, Paris, Petite Bibliothèque Payot, 1992, p. 58; G. K. Chesterton, « Humour », dans *Encyclopaedia Britannica*, 14e édition, London, 1929, vol. 11, p. 883-885; Vladimir Jankélévitch, *L'ironie*, Paris, Flammarion, coll. « Champs », 1964, p. 64.

logos et la culture en ce sens. La nostalgie de ne pouvoir communiquer à fond et authentiquement semble démontrer que nous sommes faits pour communiquer et aimer, ce qui implique de notre part la reconnaissance de l'autre, du différent, de l'irréductible. Mais aussi qu'on ait quelque chose à dire à quelqu'un, quelque chose qui naisse par conséquent de l'intérieur, ce qui suppose à son tour qu'on connaisse sa propre identité, qu'on se comprenne un peu et s'accueille soi-même. Beaucoup de formes de parole ne sont pas une vraie communication parce qu'elles émanent d'un vide – ainsi cette foison croissante d'informations immédiates et donc médiocres que l'on jette aussitôt, certes, mais qui noient et étouffent les mémoires. La communication implique d'une certaine façon la personne qui communique, le risque de la confiance à autrui, à ce qui échappe. Il n'existe pas une façon de communiquer purement abstraite. L'enfer de la non-communication, de la solitude ainsi entendue, doit faire entrevoir que la communication humaine a une valeur, une signification, un poids bien au-delà de tout ce que l'on imagine, qu'elle est à la fois formidable et fragile, beaucoup plus délicate, riche, constructive (ou destructrice), qu'il n'apparaît à la surface. La véritable communication n'est possible qu'en des communautés humaines concrètes, comme la famille et la nation.

5 – Solidarité humaine

Dans *Lettre à un otage* (1943), Antoine de Saint-Exupéry raconte comment au cours d'un reportage sur la guerre civile en Espagne, il a été fait prisonnier par des miliciens anarchistes. L'ennui, l'angoisse et un dégoût profond devant l'absurde de sa situation s'effacèrent à la suite d'un « miracle très discret », suscité par sa quête d'une cigarette auprès d'un de ses geôliers, en ébauchant un vague sourire. « L'homme s'étira d'abord, passa lentement la main sur son front, leva les yeux dans la direction, non plus de ma cravate, mais de mon visage et, à ma grande stupéfaction, ébaucha, lui aussi, un sourire. Ce fut comme le lever du jour. Ce miracle ne dénoua pas le drame, il l'effaça, tout simplement, comme la lumière, l'ombre. Aucun drame n'avait plus eu lieu. Ce miracle ne modifia rien qui fût visible. La mauvaise lampe à pétrole, une table aux papiers épars, les hommes adossés au mur, la couleur des objets, l'odeur, tout persista. Mais toute chose fut transformée dans sa substance même. Ce sourire me délivrait. C'était un signe aussi définitif, aussi évident dans ses conséquences prochaines, aussi irréversible que l'apparition du soleil. Il ouvrait une ère neuve. Rien n'avait changé, tout avait changé. (...) Les hommes non plus n'avaient pas bougé, mais, alors qu'ils m'apparaissaient une seconde plus tôt comme plus éloignés de moi qu'une espèce antédiluvienne, voici qu'ils naissaient à une vie proche. J'éprouvais une extraordinaire sensation de présence. C'est bien ça : de présence ! Et je sentais ma parenté. »

Plus loin, Saint-Exupéry ajoute : « J'entrai dans leur sourire à tous comme dans un pays neuf et libre. J'entrai dans leur sourire comme autrefois dans le sourire de nos sauveteurs du Sahara. (...) Du sourire des sauveteurs, si j'étais naufragé, du sourire des naufragés, si j'étais sauveteur, je me souviens aussi comme d'une patrie où je me sentais tellement heureux. Le plaisir véritable est plaisir de convive. Le sauvetage n'était que l'occasion de ce plaisir. L'eau n'a point le pouvoir d'enchanter, si elle n'est d'abord cadeau de la bonne volonté des hommes. Les soins accordés au malade, l'accueil offert au proscrit, le pardon même ne valent que grâce au sourire qui éclaire la fête. Nous nous rejoignons dans le sourire au-dessus des langages, des castes, des partis[18]. »

---

18. Antoine de Saint-Exupéry, *Lettre à un otage*, IV, dans *Œuvres*, Paris, Gallimard, coll.

Ce que Saint-Exupéry appelle « cette qualité de la joie » révèle la dimension la plus profonde de notre être : par-delà les langages, les castes et les partis, par-delà toutes les différences, se découvre une solidarité humaine fondamentale. L'idéal d'une fraternité vraiment universelle, proclamé par les grandes chartes de droits humains, s'impose plus que jamais en raison du processus de mondialisation qui unit de façon croissante le sort de l'économie, de la culture et de la société. Il implique ce que le préambule, que nous citions, de la *Déclaration universelle des droits de l'homme* de 1948 posait en principe, à savoir « la reconnaissance de la dignité inhérente à tous les membres de la famille humaine et de leurs droits égaux et inaliénables », qui constitue « le fondement de la liberté, de la justice et de la paix dans le monde ». Que veut dire « dignité »? Rien de moins que ceci : l'être humain est au-dessus de tout prix. Ce qui a un prix, rappelait Kant, peut être remplacé par quelque chose d'autre, à titre d'équivalent; au contraire, ce qui est supérieur à tout prix a une valeur absolue, jamais relative. Tel est le sens de dignité ici. Elle signifie que chaque être humain est unique au monde, qu'il doit être considéré comme

---

« Bibliothèque de la Pléiade », 1953, p. 401-402.

une fin, n'est jamais réductible à un moyen, du seul fait qu'il est humain. Redissons-le, la reconnaissance de cette exigence est de toute époque. Il est faux qu'elle soit quelque chose d'« occidental », non moins faux qu'elle soit propre aux Lumières. Elle se découvre chez tous les humains, dans toutes les cultures et se précise à mesure que s'affirment les civilisations. La reconnaissance la plus remarquable est celle qu'on y accorde d'emblée aux plus faibles et aux plus démunis, la place centrale de la mansuétude et du respect des pauvres.

Comment surmonter cependant tout ce qui s'oppose à l'émergence des libertés? La médiation du droit est ce qui donne à l'éthique sa figure concrète au sein du politique. Mais pour agir de manière efficace sur la vie sociale, le pouvoir doit se concrétiser dans des institutions, en des décisions, être confié à certains, ce qui le fait retomber dans des pesanteurs d'objectivation et de chosification et l'oblige à introduire des opacités qui risquent fort de compromettre sa tâche. C'est là le paradoxe du pouvoir, la source des ambiguïtés du politique. Ce contenu conditionné, rempli de tensions, de contradictions, d'enjeux, de projets, est indépendant de l'horizon éthique d'où le politique tire son sens. Il ne satisfera à cet horizon qu'en portant les relations humaines à un niveau éthique où chacun est véritablement traité comme fin pour chacun des autres. Le plus haut défi du politique est ainsi bel et bien la reconnaissance effective de la dignité de chaque être humain, sans exception. Telle est la norme que chacune et chacun est appelé à intérioriser.

On peut imaginer, à tort, le bonheur comme quelque chose d'individuel, qui n'a pas besoin des autres, mais nul ne saurait prétendre la même chose à propos de la justice, car « la justice est politique », ainsi que le remarquait déjà Aristote[19]. C'est dire que ce n'est que par le politique que la notion de bien et de mal peut trouver son accomplissement dans une vie partagée. Toutefois la justice doit être ouverte, accessible en permanence. Il n'existe pas de société qui puisse se décrire comme une sorte d'incarnation de la justice accomplie. Une société ne peut être juste qu'en sachant ne jamais se satisfaire du niveau de justice atteint, et en recherchant sans relâche plus de justice. C'est cette visée dynamique, d'une politique sans cesse critique de la réalité présente, et tendue vers des idéaux où chacun puisse se reconnaître, qui s'avère la plus féconde. La justice demeure une tâche à l'horizon d'un futur qu'on ne voit pas, mais que les exigences du présent ne cessent de convoquer.

19. Cf. Aristote, *Politique*, I, 1253 a 37-38.

Les gouvernements doivent s'appliquer à redonner aux humains le « goût de l'avenir », selon l'expression de Tocqueville[20]. En pareille perspective, leur premier défi est de savoir générer l'enthousiasme qui poussera les jeunes à progresser d'eux-mêmes vers de nouvelles quêtes de sens, de savoir et de nouvelles questions, en n'évitant pas les questions les plus brûlantes, comme celle du sens de la vie elle-même. Il s'agit de rendre la vie de tout être humain digne d'être vécue, à la hauteur de la dignité humaine.

20. Cf. Alexis de Tocqueville, *De la démocratie en Amérique*, II, 2e partie, c. XVII.

V

Vivre la mort

1 – La mort et le visage

La philosophie s'est tôt définie comme *meletê thanatou* (Platon, *Phédon*, 81 a), ce qui signifie « méditer sur » ou « s'exercer à la mort ». Devenue par la suite traditionnelle, cette définition a été à nouveau illustrée à notre époque par des philosophes de génie tels Heidegger, Lévinas et bien d'autres.

Elle s'avère d'autant plus pertinente de nos jours où nous nous découvrons dans une culture de mort, comme on l'a dit et répété, mais d'une mort évasion plutôt que d'une mort que l'on accepte de préparer avec courage et lucidité, en l'interrogeant, pour ainsi dire. C'est aussi ce qui ressort entre autres de la belle conclusion du livre de Céline Lafontaine, *La société postmortelle*[1]. Notre monde actuel, si riche

1. Céline Lafontaine, *La société postmortelle*, Paris, Seuil, 2008, p. 223-226.

en techniques, est taraudé par une grave incapacité de donner un sens à la souffrance et à la mort, de donner, à vrai dire, un sens à la vie humaine elle-même, pour soi-même et pour les générations qui suivent. Une lente agonie lui est intolérable, alors qu'on peut pourtant, à la suite d'Élisabeth Kübler-Ross, par exemple, voir l'agonie comme un processus de croissance et non comme un dépérissement dégradant[2]. La demande d'euthanasie ou de suicide assisté a de bonnes chances de trahir un désir désespéré de fuir l'essentiel. L'évocation de la mort anticipée sert, en pareil cas, à ne pas la penser et à évacuer l'instant suprême. Mourir est-il vraiment cesser de vivre ?

L'apport d'Emmanuel Lévinas sur cette question et ce qu'elle implique est particulièrement remarquable. Trois des thèmes majeurs de sa pensée méritent ici d'être relevés, qui s'éclairent réciproquement, soit ceux de la mort, du visage et de la responsabilité pour autrui. Voici, pour commencer, quelques formules choc relatives à la mort, qui donnent à penser : « Le suicide est un concept contradictoire. (...) L'angoisse, d'après Heidegger, est

2. Cf. Élisabeth Kübler-Ross, *La mort, dernière étape de la croissance*, Montréal, Éditions Québec Amérique, 1977.

l'expérience du néant. N'est-elle pas, au contraire, – si par mort on entend néant –, le fait qu'il est impossible de mourir ? » L'angoisse n'est donc pas de mourir, mais bien plutôt de ne pas mourir. « Le maintenant, c'est le fait que je suis maître, maître du possible, maître de saisir le possible. La mort n'est jamais maintenant. » « *Spiro-spero.* De cette impossibilité d'assumer la mort, Hamlet précisément est un long témoignage. Le néant est impossible. (...) "To be or not to be" est une prise de conscience de cette impossibilité de s'anéantir ». Et je ne peux m'empêcher de citer également cette phrase magnifique : « (...) il me semble parfois que toute la philosophie n'est qu'une méditation de Shakespeare[3] ».

Lévinas marque en outre avec force le fait que « la souffrance physique, à tous ses degrés, est une impossibilité de se détacher de l'instant de l'existence », et qu'il y a dans la douleur et la souffrance une « absence de tout refuge », une « impossibilité de fuir et de reculer ». On y fait l'expérience d'une extrême passivité, une sorte de subir pur. Mais on y découvre en

---

3. Emmanuel Lévinas, *Le temps et l'autre*, Paris, Presses Universitaires de France, coll. « Quadrige », 1983, respectivement, p. 29, 59, 61 et 60.

même temps une « proximité de la mort », où « l'inconnu de la mort signifie que la relation même avec la mort ne peut se faire dans la lumière ; que le sujet est en relation avec ce qui ne vient pas de lui. Nous pourrions dire qu'il est en relation avec le mystère[4] ». « Dans cette impossibilité de connaître l'après de ma mort, réside l'essence de l'instant suprême[5]. »

Lévinas a su mettre admirablement en relief, d'autre part, la dimension éthique des rapports proprement humains ; à l'instar de la beauté, répétons-le, la vulnérabilité de l'humain en tant que tel, oblige. Ceci apparaît avant tout dans la saisie du visage humain. Son premier grand ouvrage, *Totalité et infini*, parle longuement du visage, qui est donné à la vision d'autrui, jamais à soi. Je ne verrai jamais mon propre visage, sinon en des reflets. Notre propre corps est tourné d'emblée vers l'autre.

Ce « face-à-face » démontre aussi bien qu'autrui est celui ou celle que je ne peux pas inventer. Il résiste de toute son altérité à sa réduction au même que moi. À proprement parler, envisager n'est pas fixer du regard le front, le nez, la bouche, le

4. *Ibid.*, p. 55-56.
5. Emmanuel Lévinas, *Totalité et infini. Essai sur l'extériorité*, La Haye, Martinus Nijhoff, 1971, p. 211.

menton, etc., mais c'est fixer avant tout les yeux, et plus exactement leur centre, la pupille, et ainsi le regard de l'autre, qui est au-delà de la perception. L'accès au visage ne se réduit justement pas à la perception sensible. Le regard y voit un regard invisible qui le voit.

Or, il y a dans le visage une « pauvreté essentielle ». Il est nu et dénué, exposé et menacé – dépendance qu'on essaie parfois de masquer par des poses ou en tentant de se donner une contenance. Il n'empêche que le visage fasse sens à lui seul. Dans les yeux sans défense de l'autre se lit le commandement « tu ne tueras point », interdiction qui ne rend pas le meurtre impossible, certes, car il s'agit d'une exigence éthique, mais elle explique pourquoi le meurtrier est incapable de regarder sa victime dans les yeux.

Un thème majeur du dernier grand ouvrage de Lévinas, *Autrement qu'être ou au-delà de l'essence* – titre qui renvoie expressément au passage célèbre du VIe livre de la *République* (509 b) où Platon déclare que le bien est « au-delà de l'essence » – est celui de la responsabilité pour autrui. Ce thème va de pair avec celui du visage et revêt lui aussi aujourd'hui une pertinence accrue du fait des débats actuels et à venir autour de l'euthanasie et du suicide assisté.

Comment comprendre cela? La prise de conscience de ma responsabilité première découle de l'analyse du visage. Dès lors qu'autrui me regarde au sens que je viens de décrire, j'en suis responsable; bien plus, « la responsabilité est initialement un *pour autrui*[6] ». La relation entre nous est même asymétrique : « Au départ peu m'importe ce qu'autrui est à mon égard, c'est son affaire à lui; pour moi, il est avant tout celui dont je suis responsable[7]. » C'est à partir du visage, de ma responsabilité pour autrui, qu'apparaît la justice, ou mieux l'équité – chaque autrui étant unique – et que se révèle, plus profondément encore, « la sagesse de l'amour ».

Être responsable, le mot l'indique, c'est répondre *de*, mais c'est d'abord répondre *à*. Je suis obligé de répondre à l'appel du visage de l'autre, à son autorité, à sa commande, tout particulièrement à travers la souffrance. Nous voilà donc reconduits à la question du mourir.

« Mourir dans la dignité » n'a rien à voir avec une dignité d'apparat dans laquelle on se draperait pour la galerie, comme au

---

6. Emmanuel Lévinas, *Éthique et infini. Entretiens avec Philippe Nemo*, Paris, Fayard, 1982, p. 102.
7. Emmanuel Lévinas, *Entre nous. Essai sur le penser-à-l'autre*, Paris, Grasset, 1991, p. 123.

théâtre. Il s'agit au contraire de pouvoir faire sienne sa mort, la vivre dans le respect de sa dignité proprement humaine de femme ou d'homme libre.

La fable de La Fontaine, *La mort et le bûcheron,* reprise d'Ésope, décrit un malheureux qui appelle « la mort à son secours », mais qui n'en veut plus du tout aussitôt qu'elle se montre : « (…) plutôt souffrir que mourir », sera son dernier mot. Le mémoire sur l'euthanasie et le suicide assisté présenté par un groupe de médecins au Collège des médecins du Québec, le 27 août 2009, va dans le même sens; on y lit : « La pratique de la médecine nous enseigne que les patients qui expriment le désir de mourir le font le plus souvent parce qu'ils ont besoin de réconfort, qu'ils sont déprimés, ou que leurs symptômes ou leurs douleurs ne sont pas bien contrôlés. (…) Les patients qui demandent à mourir changent aussi souvent d'idée avec le temps[8]. »

Il ne faut pas craindre de reconnaître aux mots leur sens exact. Euthanasier, c'est donner la mort. Le suicide assisté, comme

8. Joseph Ayoub, André Bourque, Catherine Ferrier, François Lehmann, José Morais, *Non à l'euthanasie et au suicide assisté. Aucune condition particulière ne les justifie. Mémoire présenté au Collège des médecins du Québec*, Québec, 27 août 2009, p. 6.

le suicide tout court, est un homicide. En se tuant, seul ou se faisant aider, on tue un être humain. La demande d'euthanasie sous l'empire de la douleur et de la souffrance est un appel à la responsabilité pour autrui, justement, qui impose d'interpréter le vrai sens de cette demande. Je crois qu'on peut voir ici toute la portée de la remarque suivante de Lévinas, en parfaite cohésion avec les précédentes : « L'épreuve suprême de la liberté – n'est pas la mort, mais la souffrance[9]. » C'est à cette épreuve de la souffrance que médecins, infirmières ou infirmiers et toute personne humaine concernée ont à répondre en réalité. Il y a euthanasie, répétons-le, lorsqu'on a l'intention de mettre fin à la vie. Il est admis depuis longtemps qu'il n'y a pas euthanasie lorsqu'on a l'intention de soulager les souffrances d'une personne malade en phase terminale, même si, comme effet secondaire, l'administration de médicaments peut en accélérer la mort. Les propos cités de Lévinas sur le visage et la souffrance ne contredisent pas cela, tout au contraire.

Un grand absent des débats autour de l'euthanasie me semble être la conscience. On fait remarquer à juste titre que nul ne peut imposer ses croyances aux autres. En

9. *Totalité et infini*, p. 216.

déduire cependant, comme on le tente parfois, que nous devons dès lors accepter de donner la mort à quelqu'un qui nous le demande, même si nos convictions ne sont pas les siennes, est un raisonnement fallacieux, car il vaut en sens inverse. L'autre n'a pas non plus à m'imposer ses convictions. Si je fais le geste de donner la mort, c'est moi qui aurai posé le geste et c'est de ce geste que je devrai répondre devant ma propre conscience. Sa conscience ne saurait tenir lieu d'alibi.

Ma responsabilité pour autrui atteint son point culminant devant sa mort, ce dernier acte de la vie humaine qui appartient à l'ensemble de celle-ci et détermine tout ce qui a précédé, en bien ou en mal. De sorte qu'on ne devrait jamais empêcher qui que ce soit de le vivre aussi librement que possible, et qu'on doit au contraire favoriser du mieux que l'on peut l'exercice de cette liberté. La douleur peut avoir des effets aliénants, on le sait. En atténuant les souffrances sans toutefois rendre inconscient, les soins appropriés peuvent procurer une détente psychique et organique propice à une meilleure présence à soi (et aux autres) en cet instant crucial. Comme l'a excellemment marqué Tolstoï dans *La mort d'Ivan Illich*, l'importance de cet instant est en effet « définitive ». Car il s'agit de l'instant où l'on peut tout « corriger », tout accepter et se réconcilier, ou tout rejeter, selon le cas ; l'instant de la toute dernière chance de reconnaître, voire donner, en son for intérieur, un sens définitif à sa vie, quoi qu'il paraisse à l'extérieur[10].

C'est avec le nazisme que la pratique euthanasique a été réintroduite en Occident : le procès de Nuremberg a révélé que, de 1939 à 1941, les Nazis ont supprimé plus de 70 000 personnes handicapées, schizophrènes, ou autrement atteintes d'une infirmité ou d'une autre, un bon nombre d'entre eux des Allemands, en alléguant que leurs vies étaient « sans valeur ». (À ne pas confondre avec l'inqualifiable génocide de millions de Juifs et de Slaves par les mêmes Nazis, encore qu'il y ait eugénisme dans les deux cas.) Il ne faut pas manquer de lire à ce sujet le désormais classique ouvrage de Vivien Spitz sur les médecins nazis, *Doctors from Hell*, et, par la même occasion, se demander pourquoi, en revanche, le *Serment d'Hippocrate* est si clairement opposé à l'euthanasie : « Jamais je ne remettrai du poison, même

10. Cf. Léon Tolstoï, *La mort d'Ivan Ilitch*, dans *Œuvres complètes*, tome XXVII, Paris, Stock, 1912, p. 102-105 ; cf., dans une autre traduction, *La mort d'Ivan Ilitch. Nouvelles et récits (1851-1885)*, Paris, GF-Flammarion, 1993, p. 393-395.

si on me le demande, et je ne conseillerai pas d'y recourir. »

Il faudrait être bien naïf pour ne point entrevoir les abus auxquels une légalisation de l'euthanasie donne lieu. Quelle belle façon de se débarrasser de quelqu'un, afin d'accélérer un héritage, par exemple, que de prétendre qu'il ou elle nous a supplié de faire le beau geste humanitaire de soulager sa souffrance en l'euthanasiant – d'autant plus désintéressé que ce fut à sa demande expresse ! Comment ne pas anticiper la pente glissante vers la barbarie où conduit, une fois légalisée, la possibilité d'éliminer en douce, le regard clair, celles et ceux que la faiblesse, la pauvreté, les handicaps, vouent à une vie jugée désormais « sans valeur » par les puissants qui en décideront ?

2 – Le respect des morts

Il importe en outre de se demander pourquoi l'expérience de la mort occupe une place si absolument centrale dans l'histoire de l'humanité. « On pourrait aller jusqu'à dire, écrivait Gadamer, que c'est elle qui a introduit, dans cette histoire, son devenir homme. » L'être humain offre aux siens la sépulture d'une tombe marquée d'un signe. Le grand paléoanthropologue Loren Eiseley déclarait : « Il faut rappeler ce qui a été finalement découvert dans la petite grotte française près de La Chapelle-aux-Saints en 1908. Nous voici à même d'observer à travers des millénaires un spectacle très émouvant. Car ces hommes aux cerveaux prisonniers d'un crâne présageant le singe, ces hommes dont des savants avaient soutenu qu'ils ne sauraient posséder de pensées au-delà de celles de la brute, avaient enseveli leurs morts dans la douleur. (...) Tel est le geste humain par lequel nous reconnaissons un homme, même si c'est sous un front rappelant celui du singe qu'il nous considère[11]. »

On a par la suite déployé, tout au long de l'histoire, un faste infini en l'honneur des morts, en cérémonies et en ornements, en de splendides œuvres d'art vues à l'origine comme autant d'offrandes. « Cette pratique, ajoute Gadamer, confère à l'homme un statut unique, elle le distingue des autres êtres vivants au même titre que la possession du langage, à moins que ce ne soit d'une manière plus originelle encore ». Gadamer observe en outre que les liens avec la religion « resurgissent à la

11. Hans-Georg Gadamer, *Philosophie de la santé*, trad. Marianne Dautrey, Paris, Éditions Grasset & Fasquelle et Éditions Mollat, 1998, p. 72 ; Loren Eiseley, *The Firmament of Time*, New York, Atheneum, 1962, p. 112-113.

vue de cet événement qu'est toute mort ». Même « à une époque où l'athéisme se développe à l'échelle des masses, les incroyants et ceux qui, à la vérité, sont totalement sécularisés maintiennent ces formes de culte. (…) Même dans les pays athées, la coutume chrétienne ou celle d'autres religions est tolérée à côté de la célébration des morts instituée par le politique et le séculier[12] ».

Il est paradoxal, disions-nous, que la dignité humaine apparaisse le plus clairement dans l'épreuve, voire le malheur, comme le manifeste déjà la poésie tragique de Sophocle[13].

De même, pour Schopenhauer, disions-nous encore, « Chaque tragédie réclame une existence tout autre, un monde différent, dont nous ne pouvons jamais acquérir qu'une connaissance indirecte, par ce sentiment même qui est provoqué en nous[14] ».

---

12. Gadamer, *loc. cit.*, p. 72-73, 75-76.
13. Cf. A. J. Festugière, *De l'essence de la tragédie grecque*, Paris, Aubier-Montaigne, 1969, p. 22-23.
14. Arthur Schopenhauer, *Le monde comme volonté et représentation*, Supplément au livre troisième, chapitre XXXVII, trad. A. Burdeau revue et corrigée par Richard Roos, Paris, Presses Universitaires de France, 1966, p. 1171.

Or, on retrouve cette même constatation dans toutes les sagesses, comme nous l'avons vu plus haut, dans notre premier chapitre, où nous avons pu entrevoir à quel point on semble partout pressentir que c'est dans le dénuement que l'humain se révèle le plus clairement et qu'il impose aux consciences sa noblesse propre – celle de son être, non de quelque avoir.

Eugène Minkowski faisait remarquer avec justesse qu'« on se découvre devant un mort, on devient grave et, dans une attitude méditative, on se penche *sur la fin d'une vie*, non pas de la vie tout court, mais justement d'*une vie*. La mort fait surgir la notion d'*une* vie; elle le fait en mettant fin à cette vie (...). En présence de la mort, je vois toujours *toute* une vie se dresser devant mes yeux, et cela même quand j'ignore tout de celui à l'existence duquel elle vient de mettre fin. (...) La mort est un phénomène essentiellement *individuel*, non parce qu'elle ne frappe que des individus, mais parce qu'elle vient parachever la notion de l'individu[15] ».

15. Eugène Minkowski, *Le temps vécu. Études phénoménologiques et psychopathologiques*, Paris, Presses Universitaires de France, coll. « Quadrige », 1995, p. 122-124; les mots soulignés le sont par l'auteur.

Voilà qui fait naître un premier ordre de questions. Répétons-le, d'où vient au juste la dignité ainsi reconnue au pauvre ou à l'infirme, au malade et au mourant, à celle ou celui qui n'a rien, voire, diront certains, qui n'*est* rien ? D'où viennent ces manifestations diverses d'un respect profond des morts qui semblent caractériser toutes les civilisations, au point d'en marquer la naissance même ? La profanation des sépultures est pour toute personne civilisée un acte révoltant, impie, barbare. Pourquoi donc ?

3 – Le déni de la mort

Il n'empêche que, dès l'Antiquité tardive, il a paru de bon ton de déclarer, avec Épicure, que « la mort n'est rien pour nous ». Car, disait-il, « tant que nous existons, la mort n'est pas ; quand la mort est là, nous ne sommes plus » ; ou, selon la formule plus simple encore d'Anatole France à notre époque : « Je suis, elle n'est pas ; elle est, je ne suis plus ». En d'autres termes, la mort serait un état qui exclut l'expérience, la craindre reviendrait à craindre un mot seulement. Les Stoïciens eux-mêmes soutenaient une opinion voisine ; ainsi Sénèque : « N'est point mauvais, ce qui est extrême. La mort est venue chez toi ? Elle était à craindre, si elle eût pu rester. Or il faut nécessairement ou qu'elle n'arrive pas ou qu'elle s'en aille aussitôt[16]. »

Paul-Louis Landsberg considérait à juste titre ce « sophisme de l'inexistence de la mort » comme « une ruse odysséenne pour échapper sinon à la mort, du moins à l'idée et à l'obsession de la mort (...) » ; quant au Stoïcien, ajoutait-il, certes il « envisage la mort fixement (...) ; mais s'il va droit à sa rencontre, n'y a-t-il pas une angoisse immense qui se traduit justement dans cet acte d'une volonté désespérée[17] ? »

Je cite ces propos parce qu'ils illustrent et soulèvent plusieurs points essentiels. Ils montrent d'abord combien classique est le déni de la mort, si caractéristique de notre monde actuel. On a réussi à rendre la mort anonyme dans bien des cliniques modernes, ce qui est un profond bouleversement. On a fait entrer l'événement de la mort dans le mécanisme technique de la production industrielle, où elle est devenue un processus de fabrication comme d'autres de l'économie moderne. Nous retrouvons là une manifestation

16. Respectivement, Épicure, *Lettre à Ménécée*, 125 ; Anatole France, *Le jardin d'Épicure*, Paris, Calmann-Lévy, 1898, p. 46 ; Sénèque, *Lettres à Lucilius*, 4, 3.

17. Paul-Louis Landsberg, *Essai sur l'expérience de la mort*, Paris, Seuil, 1951, p. 73, p. 79.

additionnelle de la mort évasion dont nous parlions plus haut.

4 – L'expérience de la mort

Un autre point soulevé par les propos cités d'Épicure est celui de l'expérience elle-même de la mort. On est toujours le premier à mourir, comme dit Ionesco. On ne peut penser sa propre mort. Au sens étymologique du mot « connaître », celui de « naître avec », je ne la connaîtrai qu'en mourant. Nous venons de l'entrevoir avec Lévinas, je ne pourrai la vivre littéralement que lorsque, existant toujours, je mourrai – c'est-à-dire, dans l'instant même de ma mort. Nul ne peut mourir à ma place. Je peux donner ma vie pour quelqu'un, mais je ne peux pas mourir à sa place au sens strict. Notre propre mort nous appartient, en ce sens.

Certes, mais combien d'entre nous ne diraient-ils pas, avec le roi dans *Le roi se meurt,* d'Eugène Ionesco : « Je le sais, bien sûr. Nous le savons tous. Vous me le rappellerez quand il sera temps (...). Je mourrai, oui, je mourrai. Dans quarante ans, dans cinquante ans, dans trois cents ans. Plus tard. Quand je voudrai, quand j'aurai le temps, quand je le déciderai. » Le même thème est illustré *a contrario* dans le petit chef-d'œuvre de Tolstoï qu'est *La mort d'Ivan Ilitch,* auquel j'ai déjà fait référence. Un fonctionnaire médiocre apprend qu'il mourra dans quelques semaines en raison d'une maladie incurable. Il connaissait bien le syllogisme : tout homme est mortel, Callias est un homme, donc Callias est mortel. Mais voici que c'est lui qui va mourir. Jusque-là, il savait qu'« on meurt », mais sa propre mort, désormais imminente, ne lui paraissait pas réelle. Pour tous au départ, comme le redira Heidegger, la mort est un fait divers qui arrive aux autres. Tolstoï montre magnifiquement la prise de conscience s'opérant en Ivan Ilitch, qui découvre qu'il mourra au bout du compte seul. Ivan comprend maintenant que « tout ce qui avait composé sa vie n'était qu'un effroyable mensonge, un énorme mensonge, qui dissimulait et la vie et la mort[18] ».

Mais puisque c'est ainsi, comment peut-on parler d'une expérience de la mort, avant la lettre, pour ainsi dire? Je pense que la réponse se trouve dans le fait que nous vivons la mort déjà dans celle du prochain : non pas dans la mort

18. Eugène Ionesco, *Le roi se meurt,* Paris, Gallimard, coll. « Folio », 1963, p. 33-34; Léon Tolstoï, *La mort d'Ivan Ilitch,* p. 73-74; cf. autre traduction citée, p. 375-376.

des autres en quelque sens anonyme, mais dans celle des êtres qui nous sont chers. Saint Augustin l'a magnifiquement exprimé au quatrième livre des *Confessions*, à la suite de la mort d'un ami : « Et je m'étonnais encore plus que *moi* je vécusse après sa mort, parce que j'étais son autre soi-même » (IV, 6). Car l'ami véritable est effectivement un autre soi. « J'étais devenu moi-même une grande question pour moi » (IV, 9). L'amitié authentique se vit dans la réciprocité, l'échange en profondeur de nos êtres respectifs, toi et moi. Je vis alors la vie de l'autre, et sa mort aussi, comme miennes.

Paul Ricœur a fort bien rendu cela dans les termes suivants : « Cet homme qui meurt seul est un autre que moi, mais il est aussi un autre moi-même, mon semblable avec qui je communie dans la même condition d'homme : je vois l'homme mourir en Callias. C'est pourquoi plus l'autre sera, par l'amour, mon semblable, plus aussi la loi de la mortalité me touchera et me blessera. La rencontre décisive avec la mort, c'est la mort de l'être aimé. La mort y est vraiment pressentie comme fin – irréparable : (...) le mort est celui qui ne répond plus ; il est absent, disparu ; (...) de toi à moi, l'expérience de la mort comme événement final ne passe pas ; certes, quelque chose de moi est mort, mais non pas moi ;

si l'amour souffre, c'est précisément parce que l'un est parti et l'autre resté ; chacun meurt seul et chacun est laissé seul sur le rivage[19]. »

Voilà donc un premier sens à donner à l'expression « vivre sa mort ». On pressent vite, en effet, que cette expression est polysémique. Il y a la mort des autres pourvu qu'on les aime. Il y a également, à un tout autre niveau, celle des grandes figures tragiques comme King Lear ou Œdipe-roi, où la grandeur de l'être humain apparaît dans sa vulnérabilité même. Pourquoi émeuvent-elles à ce point les auditeurs ou spectateurs de tous les temps ? C'est que nous y revivons d'une certaine manière notre condition. Il y a un tragique de la mort, un masque terrifiant, en somme, qu'on ne saurait dénier sans se mentir à soi-même. Autrement, la vie humaine n'est plus qu'un spectacle de marionnettes, comme le dit avec justesse Gabriel Marcel[20].

On peut aussi vivre sa mort, d'une certaine manière, en vivant la solidarité humaine auprès des mourants, comme les

19. Paul Ricœur, *Philosophie de la volonté I, Le volontaire et l'involontaire*, Paris, Aubier-Montaigne, 1967, p. 432-433.

20. Cf. Gabriel Marcel, *Le mystère de l'être II : Foi et réalité*, Paris, Aubier-Montaigne, 1967, p. 171 sq.

propos cités plus haut de Lévinas le laissent entendre. Or, aider le patient à subir, à « agir », à faire sienne sa mort, à la vivre dans le respect de sa dignité d'homme ou de femme libre, est une excellente manière de préparer sa propre mort. La souffrance met en relief combien il est vrai que nous sommes des êtres de chair, et à quel point est inacceptable le dualisme sommaire. La destruction du corps a quelque chose de terrible et interroge nos consciences, quant au sens de cette vie et quant à la possibilité d'une autre vie. Pour la personne qui soigne le mourant, il s'agirait alors d'aider le mourant dans son projet de personne. Il s'agit de vivre une solidarité humaine dans le dernier instant. Tout est à cet égard dans le dialogue. Dialogue qui suppose qu'on a soi-même (le soignant ou la soignante) résolu le problème de la mort, de sa propre mort, et l'avoir en quelque sorte vécue en ce sens encore. On semble découvrir ici une réciprocité très proche de celle de l'amitié, justement.

5 – Mourir est un acte

L'existentialisme l'a marqué naguère à neuf, notre être empirique est toujours en situation; nous ne quittons une situation que pour en trouver une autre. Mais il y a des « situations limites » (Karl Jaspers) qui sont universelles, même si elles se manifestent à chacun différemment : ainsi la souffrance, l'angoisse, le vieillissement et la mort. À ce point de vue, peu sont aussi bien placés que les médecins et les infirmières pour devenir experts en humanité. La mort est la situation limite par excellence, comme un mur au-delà duquel nous ne pouvons regarder : « The dread of something after death, the undiscover'd country from whose bourn no traveller returns, puzzles the will (...) » (*Hamlet*, III, i, 78-79). Si les religions aussi se préoccupent de la mort, c'est qu'elles tentent de répondre aux énigmes qui troublent le plus profondément le cœur humain. La mort reste une de ces énigmes, tout comme le mystère qui entoure l'existence de chacune et chacun.

Les témoignages des médecins eux-mêmes méritent d'être entendus. « La médecine, écrit Lewis Thomas, fut jadis la plus respectée de toutes les professions. Aujourd'hui, alors qu'elle possède une batterie de technologies pour traiter (ou guérir) des maladies qui défiaient simplement la compréhension il y a quelques années, la médecine se fait attaquer pour toutes sortes de raisons. Les docteurs, disent les critiques, ne font qu'appliquer leur savoir, s'intéressant uniquement à la maladie en cause, mais jamais au patient comme individu, comme personne entière. Ils n'écoutent pas réellement. Ils refusent, ou sont incapables, d'expliquer les choses aux gens malades ou à leurs familles. Ils commettent des erreurs dans leurs technologies risquées; d'où l'escalade des coûts d'assurance contre l'incurie professionnelle. Ils ne sont accessibles qu'à leurs bureaux dans des cliniques énormes, alarmantes, ou derrière les murs d'hôpitaux terrifiants. Le mot "déshumanisant" est l'épithète utilisée pour la manière dont ils sont entraînés, et pour la manière dont ils pratiquent. Le vieil art de la médecine s'est perdu, a été oublié[21]. »

Selon Philippe Meyer, « la médecine n'échappe pas aujourd'hui au paradoxe qui menace toute science ou technique évoluée, celui de se retourner contre elle-même et de manquer sa fin. Sa force technique pèse désormais sur la personnalité humaine de la conception à la mort, avec le risque d'oublier que soigner compte parfois encore autant que guérir. L'extraordinaire développement de la puissance médicale contemporaine est parvenu paradoxalement à faire oublier le malade et à négliger le médecin. Une

21. Lewis Thomas, *The Youngest Science. Notes of a Medicine Watcher*, New York, The Viking Press, 1983, p. 54-55.

atmosphère d'irresponsabilité généralisée est ainsi née, qui peut saper une thérapeutique, comme l'a démontré récemment le sinistre drame de la transfusion de sang contaminé par des virus ». Il constate à son tour que « la responsabilité du médecin risque d'être contournée par l'informatique, et l'humanisme qui préside fondamentalement aux relations des médecins avec leurs malades est à l'évidence menacé. (...) Une baisse de la responsabilité médicale (...) prive le malade de l'aide morale qui est nécessaire au dépassement de l'angoisse. » « La technique va inévitablement mordre encore sur la personne humaine et la maladie sur le malade (...). Il est assez surprenant d'entendre parfois professer une admiration sans nuance pour l'informatique au moment où l'on regrette une altération du dialogue malade médecin et où la biologie découvre qu'aucun être vivant n'est la stricte copie d'un autre. » « L'irresponsabilité naît de la technicité[22]. »

Mais revenons au concret de la mort vécue. Le mourant est un vivant. Au moment ultime, le mourant est tout entier dans l'acte de mourir. Mourir est un acte, qui demande certes une dure préparation.

22. Philippe Meyer, *L'irresponsabilité médicale*, Paris, Grasset, 1993, p. 11, 17-18, 74-75, 197.

Afin d'y voir plus clair, on doit absolument faire intervenir ici l'expérience de la liberté dont nous jouissons en notre for intérieur. Nul être humain ne peut vraiment pénétrer dans le for intérieur d'autrui. Nul ne peut me forcer à aimer ou à ne pas aimer qui ou quoi que ce soit en mon for intérieur. Bien plus, l'expérience interne de penser et d'aimer révèle que l'éclair d'un instant suffit pour faire tout basculer dans un nouveau sens. Je puis en un seul instant changer du tout au tout, intérieurement. Rappelons-nous l'expérience de ceux qui ont failli mourir et qui ont revu en un instant toute leur vie. Ainsi Dostoïevski. De même, dans un instant de rêve, peut-on vivre un temps prolongé en apparence. Il est bien établi que l'instant est un indivisible qui ne fait pas partie du temps, mais le transcende, de même qu'en géométrie le point transcende la ligne. Je vous fais grâce des détails des preuves qu'en apporte la philosophie, mais cette précision est capitale s'agissant de la mort.

Comme si souvent en matière proprement humaine, la littérature possède une avance considérable sur la science. La fin de *La mort d'Ivan Ilitch* est, sur le point que nous soulevons, remarquable. Après trois jours de souffrances extrêmes « tout à coup une force quelconque le frappa dans la poitrine et le côté. Il suffoqua. Il était précipité dans le trou noir et là, au fond, quelque chose brillait… Et, soudain, il se calma. (…) Sa vie n'avait pas été ce qu'elle devait être, mais il pouvait encore réparer cela (…). Soudain, le problème qui l'obsédait s'éclaira de deux côtés, de dix côtés, sous toutes ses faces (…). Il chercha sa peur accoutumée et ne la trouva pas. "Où est-elle la mort ?" Il n'avait plus peur, car il n'y avait plus de mort. Au lieu de la mort il voyait la lumière[23] ».

Je le répète, mourir est un acte. Il faut pouvoir agir sa mort, la faire sienne, la vivre dans le respect de sa dignité d'être libre. Le discours que diffuse la culture ambiante peut inciter à n'accorder de valeur qu'à l'efficacité, à la santé glorieuse, à la performance physique et intellectuelle, à l'intégrité corporelle, alors que ces réalités quotidiennes que sont l'échec, la maladie ou la mort font appel à des ressources qui pour d'aucuns sont moins familières. Or s'agissant de « dignité », comme le résume admirablement Léon Burin, il faut « parler bien plutôt d'élégance de l'être et du cœur ». « Papa, dis-moi les choses ! » répétait à l'infini, au cours d'une thérapie, un homme que depuis son enfance le mépris

23. Léon Tolstoï, *loc. cit.*, p. 102-105 ; cf. autre traduction citée, p. 393-395. Cf. Pierre-Philippe Druet, *Pour vivre sa mort*, Paris, Lethielleux, 1981, p. 84-85.

de son père avait à tout jamais blessé. Ainsi le malade défiguré attend-il de nous une aide pour le regard qu'il portera sur lui-même. Il attend que nous lui « disions la chose », cette invisible dignité de son être, que l'écran de son malheur occulte. La dignité humaine est de l'ordre du sens, elle est saveur de vie. « Nous touchons là au mystère même de l'humain, à cette question essentielle que tout être venant au monde reçoit en cadeau de naissance : la question de son devenir humain, cette équation de son centre de gravité[24]. »

6 – L'espérance

Nous sommes tous essentiellement voyageurs, pèlerins, « en route », il ne nous semble jamais être encore là, parvenus au terme, comme l'ont toujours proclamé la littérature et la musique, entre autres.

« Notre vie n'est qu'une longue attente, écrivait Jean-Paul Sartre : attente de la réalisation de nos fins, d'abord (...), attente de nous-même surtout. » Aussi, ajoutait-il, « faut-il considérer notre vie comme étant faite non seulement d'attentes, mais d'attentes d'attentes qui attendent elles-mêmes

---

24. Léon Burin, *Parler la mort. Des mots pour la vivre*, Paris, Desclée de Brouwer, 1997, p. 155-171.

des attentes ». Or, « ces attentes évidemment comportent toutes une référence à un terme ultime qui serait *attendu* sans plus rien attendre. Un repos qui serait *être* et non plus attente d'être. Toute la série est suspendue à ce terme ultime qui n'est jamais *donné*, par principe et qui est la valeur de notre être (…) ». Ces propos de Sartre ne sont pas seulement brillamment exprimés, mais ils sont justes. « Nous ne vivons jamais, mais nous espérons de vivre », disait Pascal[25]. Cet espoir ou plutôt cette espérance vise quelque chose au-delà de la mort. Quelque chose de nouveau, un début après cette fin. Dire que la fin au sens de terminaison soit la fin au sens de but est, en soi, absurde, tout de même que prétendre que la terminaison du livre, ou du film, soit le but visé par son auteur.

Plutarque a su réfuter Épicure en rappelant, entre autres, que le désir d'être « est le plus ancien des désirs et le plus grand ». De nos jours, Gabriel Marcel a profondément marqué la portée de l'intersubjectivité : « Aimer un être, écrit-il, c'est dire : toi, tu ne mourras pas[26]. »

---

25. Jean-Paul Sartre, *L'être et le néant*, Paris, Gallimard, 1943, p. 621-622; Pascal, *Pensées*, 172; 47.

26. Plutarque, *Non posse suaviter vivi secundum Epicurum*, 1104 c; Gabriel Marcel, *Le mystère de l'être : Foi et réalité*, p. 179.

C'est toutefois Hamlet qui, nous le disions, exprime le plus adéquatement la situation humaine véritable, du seul point de vue humain, justement. « Être ou ne pas être, c'est la question » : la vérité est que nous ne savons pas, d'un savoir humain, ce qui nous attend après la mort. Mais la perspective d'une autre vie possible doit nous tenir loin du suicide. Et si c'était l'infini, Dieu même, comme y insistait à son tour Pascal en son pari. Prétendre être *sûr* du contraire est clairement se mentir à soi-même. Seul un criminel comme Macbeth, en son désespoir, peut dire : « Demain, puis demain, puis demain, rampe à petits pas, de jour en jour, jusqu'à la dernière syllabe du temps du souvenir ; et tous nos hiers ont éclairé pour des fous le chemin vers la poussière de la mort. Éteins-toi, éteins-toi, court flambeau ! La vie n'est qu'une ombre qui passe, un pauvre histrion qui se pavane et s'échauffe une heure sur la scène et puis qu'on n'entend plus… une histoire contée par un idiot, pleine de fureur et de bruit et qui ne veut rien dire[27]. »

La vie de la conscience, dont nous avons l'expérience intime, laisse pressentir une vie autre que simplement biologique, même si elle dépasse la représentation.

27. Shakespeare, *Macbeth*, V, v, 19-28, trad. Maurice Maeterlinck.

Il en va de même de nos aspirations les plus profondes. Dans les termes si justes de Marcel Proust : « Il n'y a aucune raison dans nos conditions de vie sur cette Terre pour que nous nous croyions obligés à faire le bien, à être délicats, même à être polis, ni pour l'artiste athée de recommencer vingt fois un morceau dont l'admiration qu'il excitera importera peu à son corps mangé par les vers, comme le pan de mur jaune que peignit avec tant de science et de raffinement un artiste à jamais inconnu, à peine identifié sous le nom de Ver Meer. Toutes ces obligations, qui n'ont pas leur sanction dans la vie présente, semblent appartenir à un monde différent, fondé sur la bonté, le scrupule, le sacrifice, un monde entièrement différent de celui-ci, et dont nous sortons pour naître à cette Terre, avant peut-être d'y retourner vivre sous l'empire de ces lois inconnues auxquelles nous avons obéi parce que nous en portions l'enseignement en nous, sans savoir qui les y avait tracées – ces lois dont tout travail profond de l'intelligence nous rapproche et qui sont invisibles seulement – et encore ! – pour les sots[28]. »

28. *La prisonnière*, dans *À la recherche du temps perdu*, Paris, Gallimard, coll. « Bibliothèque de la Pléiade », 1954, III, p. 187-188.

Chez Platon toutefois, l'expression « s'exercer à la mort », citée au tout début de ce chapitre, signifie se préparer à ce qui attend l'âme (*psuchê*) après la mort : « C'est vers ce qui lui ressemble qu'elle s'en va, vers ce qui est invisible, vers ce qui est divin et immortel et sage, c'est vers le lieu où son arrivée réalise pour elle le bonheur (...) » (81 a; trad. Léon Robin). Il s'agit d'un « lieu qui lui est assorti, lieu noble, lieu pur, lieu invisible, vers le pays d'Hadès pour l'appeler de son vrai nom, près du Dieu bon et sage » (80 d). Cependant que le corps se dissout après la mort, à l'âme appartient plutôt une « absolue indissolubilité ou bien quelque état qui en approche » (80 b). L'âme est source de vie, souffle, esprit, elle constitue la différence entre le vivant et le cadavre, entre Socrate lui-même et sa dépouille. C'est l'âme en somme qui « contient », au sens de « tient ensemble », le corps. Le corps est ainsi bien davantage « dans » l'âme que l'inverse n'est vrai. La grandeur et la beauté du corps humain viennent de l'esprit, qui fait toute la différence entre le visage animé et le masque mortuaire. « Le corps est un vitrail où se joue la lumière d'une liberté » (René Habachi).

Les arguments en faveur de l'indestructibilité de l'âme humaine n'ont pas manqué au travers des âges, entre autres chez les plus grands philosophes, tels Aristote et Kant, et pour cause. Car dans les termes de Landsberg, qui rejoignent ceux de Lévinas, « l'angoisse de la mort, et pas seulement des douleurs du mourir, serait incompréhensible si la structure fondamentale de notre être ne contenait pas le postulat existentiel d'un "au-delà" (...). L'angoisse même nous révèle que la mort et le néant s'opposent à la tendance la plus profonde et la plus inévitable de notre être[29]. » La mort n'a pas de sens propre. Elle demeure une fin brutale, contre laquelle l'esprit humain proteste de tout son être. Plus est élevée la vie à laquelle elle met un terme, plus cela est manifeste, plus elle s'avère dure et brutale, plus elle est mort. « Ce pour quoi on s'angoisse, et simultanément ce qui importe à l'homme dans son être, c'est l'être comme *une plénitude que l'on voudrait conserver et ne pas perdre* », écrit Édith Stein en des pages lumineuses, ajoutant : « Est-il pensable que l'esprit, qui a partiellement marqué le corps de son sceau, tout simplement n'existe plus[30] ? »

29. Paul-Louis Landsberg, *op. cit.*, p. 50.
30. Cf. « La philosophie existentiale de Martin Heidegger », dans Edith Stein, *Phénoménologie et philosophie chrétienne*, traduit de l'allemand et présenté par Philibert Secretan, Paris, Cerf, 1987, p. 63-130; passages cités, p. 98 et 101.

La croyance la plus remarquable en la survie personnelle est celle de la foi chrétienne, puisqu'elle professe la résurrection des corps. On se souvient de l'accueil réservé à saint Paul, dont témoigne le chapitre 17 des *Actes des Apôtres* : « Au mot de “résurrection des morts”, les uns se moquaient, d'autres déclarèrent : “Nous t'entendrons là-dessus une autre fois” » (17, 32). Et pourtant, est-ce vraiment si invraisemblable ? Comme nous le disions, saint Augustin a parfaitement résumé l'essentiel à cet égard : « Un mort est ressuscité, les hommes sont étonnés ; il y a tant de naissances chaque jour, et nul ne s'étonne ! Pourtant, si nous y regardons avec plus de discernement, il faut un plus grand miracle pour faire ce qui n'était pas que pour faire revivre qui était[31]. » Le mot latin *miraculum,* d'où vient le mot « miracle », signifie d'abord « merveilleux » ; quoi de plus merveilleux, en effet, que la naissance d'un humain, que cette venue à l'être de qui n'était nullement, de ces êtres pourtant prodigieux, doués de la capacité de penser et d'aimer l'infini, l'éternel, que sont les humains ! En ce sens, nous avons

---

31. Saint Augustin, *Homélies sur l'évangile de saint Jean,* VIII, 1, trad. M.-F. Berrouard, Paris, Desclée de Brouwer, coll. « Bibliothèque augustinienne », 1969, p. 467.

bel et bien sans cesse sous les yeux la production de « miracles » incomparables.

7 – La dignité du corps

Nous sommes à même de mieux constater que jamais aujourd'hui le caractère erroné de tout dualisme sommaire, grâce à ce que la science nous a confirmé, au XXe siècle surtout, quant à l'unité psychophysique du vivant, y inclus l'être humain. Mon corps, tout corps humain – plus exactement encore, du reste, tout *être* humain – est engagé dans un devenir incessant, continu; l'œuvre ici n'est manifestement jamais achevée; or, voici qu'à la mort émerge quelque chose de tout nouveau : un cadavre. Mais survivrai-je, « moi », à ce cadavre? C'est la question.

Ce que nous avons rappelé, dans le premier chapitre de ce livre, touchant l'éminente dignité du corps humain, tire immensément à conséquence quant aux soins dus au malade ou au mourant. L'art magique du *chaman,* rappelle Lewis Thomas, consistait notamment à « *toucher* le patient ». C'est dans le fait de toucher que résidait « le réel secret professionnel (...), l'habileté centrale, essentielle ». C'est là « l'acte le plus ancien et le plus efficace des docteurs ». « Certaines gens n'aiment pas être manipulées par d'autres, mais ce n'est pas le cas, ou presque jamais le cas, pour les gens malades. Ils ont *besoin* d'être touchés. » Marie de Hennezel atteste dans le même sens qu'elle a « développé peu à peu, au contact de mes malades si rétrécis et si souffrants à l'intérieur de leur corps en ruine une approche tactile, un "toucher" de la personne qui leur permet de se sentir entiers et pleinement vivants. (...) Rien ne remplace parfois le contact d'une main. On se sent alors vraiment rencontré[32] ».

Le vocabulaire des relations humaines et des tonalités affectives est dominé par le toucher et les qualités tactiles : ainsi « avoir du tact », « se mettre dans la peau d'autrui », « avoir une personnalité froide », ou « chaud au cœur », être « rude », « doux », être « touché » – tout cela confirme à nouveau le caractère profondément « humain », unique, du toucher. Le seul geste de « donner la main » peut être chargé de signification. Le rôle du toucher dans le développement des enfants, du massage, par exemple, des enfants prématurés est bien

32. Lewis Thomas, *The Youngest Science*, p. 56-59 ; Marie de Hennezel, *La mort intime*, préface de François Mitterand, Paris, Laffont, 1995, p. 204.

établi[33]. Charlotte Wolff, décrivant les mains comme les sources principales des impressions tactiles, a montré leur rôle dans l'enregistrement des émotions; « la main est un cadran plus authentique de la personnalité » que le visage, du fait qu'elle échappe à notre contrôle; « la main est le sismographe des réactions affectives ».

Même les proches ont tendance à garder leurs distances par rapport à ceux qui sont très malades, les touchant le moins souvent possible de peur d'interférer, ou d'attraper la maladie, remarque Lewis Thomas. « L'habileté la plus ancienne du docteur consistait à placer ses mains sur le patient. Avec les siècles, cette habileté devint plus spécialisée et raffinée, les mains apprirent autre chose que le simple contact. Elles ont exploré pour sentir le pouls au poignet, le bout de la rate, ou le bord du foie, frappé pour obtenir des sons résonants ou amortis des poumons, étalé des onguents sur la peau, taillé des veines pour saigner, mais en même temps elles touchaient, caressaient, et en même temps elles retenaient les doigts du patient. La plupart des hommes qui ont pratiqué cette imposition des mains ont dû posséder, pour commencer, le don de l'affection. »

---

33. Cf. Diane Ackermann, *Le livre des sens*, trad. A. Kalda, Paris, Grasset, 1990, p. 95 sq.

Une grande avance a été prise en médecine lorsqu'on sut toucher avec l'oreille nue – geste amical et intime – pour ausculter, par exemple, le cœur et les poumons. Au XIXe siècle, on inventa le stéthoscope, progrès considérable pour l'acoustique du thorax, mais qui a éloigné le médecin à une certaine distance du patient. Une technologie après l'autre augmentera par la suite cette distance. Aujourd'hui, le docteur peut accomplir un bon nombre de ses tâches les plus essentielles depuis un bureau dans un autre édifice sans jamais voir le patient. L'informatique intervient de plus en plus. La médecine n'est plus imposition des mains, elle ressemble davantage à une lecture de signaux dans des machines. Certes la mécanisation de la médecine est là pour rester et la nouvelle médecine fonctionne[34].

Conclusion

L'être humain intègre est expert en humanité. Étant capable d'amitié véritable, il est en mesure de voir en toute femme et en tout homme un « autre soi » ; cette pauvreté ou vulnérabilité qu'il doit pouvoir

34. Charlotte Wolff, *La main humaine*, Paris, Presses Universitaires de France, 1952, p. 7 et p. 18 ; Lewis Thomas, *loc. cit.*

éprouver en lui-même – car elle est réelle pour toutes et tous, constitutive de notre condition – il la pressent chez tout humain qui vient en ce monde. Le visage humain et la responsabilité qu'il engage obligent au respect absolu de la dignité inaliénable de tout être humain quel qu'il soit, à tout instant de sa vie.

VI

Beauté oblige

J'ai demandé un jour il y a longtemps au grand écrivain et poète québécois Félix-Antoine Savard, ce qu'était pour lui le beau. « Le beau oblige », m'a-t-il répondu aussitôt. Cette réponse m'est revenue souvent comme une invitation à réfléchir. Je propose dans ce qui suit quelques-uns des éléments de cette réflexion.

Le thème de la beauté est immense, et il est donc impossible d'y rendre justice en quelques pages à peine. Cela dit, il est naturel de considérer d'abord la beauté sensible, même si cette dernière fait cependant vite pressentir des niveaux plus élevés de beauté, comme la beauté morale, la beauté intelligible, la beauté spirituelle, voire le Beau lui-même.

Notre méditation se découpera en dix points, tous relativement brefs.

1 – Quelle beauté sauvera le monde ?

Dans le roman de Dostoïevski, *L'idiot*, un athée appelé Hyppolite demande au prince Mychkine : « Est-il vrai, prince, que vous avez dit, un jour, que la " beauté " sauverait le monde ? Messieurs, s'écria-t-il en prenant toute la société à témoin, le prince prétend que la beauté sauvera le monde (...) quelle beauté sauvera le monde ? (...) Le prince le contempla attentivement et ne répliqua point. »

Ce silence du prince est mystérieux et fait songer au silence du Christ devant la question de Pilate : « Qu'est-ce que la vérité ? » (Jn 18, 38). Ce que la question suggère à tout le moins, c'est que le monde ne sera pas sauvé par n'importe quelle beauté. Il doit en exister une qui peut le sauver, une autre qui peut le perdre.

Dans les *Carnets* des *Démons*, d'autre part, Dostoïevski écrit : « La beauté est plus importante, la beauté est plus utile que le pain (...), la beauté seule est le but en vue duquel l'homme vit et la jeune génération périra si elle se trompe ne fût-ce que sur les formes de la beauté[1]. »

1. Dostoïevski, *L'idiot*, trad. A. Mousset, B. de Schloezer, S. Luneau, Paris, Gallimard, coll. « Bibliothèque de la Pléiade », 1953, p. 464 ; *Carnets des démons*, dans *Les démons*,

Voilà qui va dans le même sens que ce que nous venons de constater : se tromper sur les formes de beauté pourrait faire périr la jeune génération.

Et pourtant, pourquoi la beauté véritable serait-elle si importante et si utile que les jeunes périraient faute de l'avoir connue ? Comment prétendre que le beau soit plus « utile » que le pain, dans un contexte, par exemple, de famine et de pauvreté extrêmes, comme on en trouve de plus en plus dans le monde actuel ? Le pain est nécessaire à la survie du corps et qui meurt de faim n'est guère en mesure d'apprécier la beauté.

Il n'empêche, en revanche, que cette survie ne résistera pas non plus à une absence de sens. Il est difficile de ne pas penser ici, de nouveau, au suicide de nos jeunes, que n'empêche pas le pain, mais que pourrait empêcher une première découverte d'un sens à la vie donnée par l'expérience du beau. Qu'est-ce qui rend la vie digne d'être vécue ? Et de toute manière, seule la beauté morale appelée justice pourra jamais remédier aux inégalités inadmissibles qui génèrent ces famines et ces pauvretés qui vont partout croissant dans le monde d'aujourd'hui, et dont la

trad. Boris de Schloezer, Paris, Gallimard, coll. « Bibliothèque de la Pléiade », 1955, p. 974.

cause première est la rapacité de quelques-uns, laideur par excellence s'il en est[2].

La Beauté de Béatrice chez Dante ennoblit, celle d'Hélène chez Homère conduit au désastre. La question des formes de beauté posée par Dostoïevski est tout de suite claire en présence du visage. On constate que, dans l'icône, le corps sert de support au visage, qui retient le regard : on y entrevoit les sentiments, la pensée, la vie intime. De même, si on veut, à un autre niveau, la *Joconde.* « La plus belle façade du monde, écrit Jean-Luc Marion, ne peut donner que ce qu'elle a, un effet de surface. Le visage se montre d'autant mieux qu'il laisse entrevoir le retrait d'où il provient; par cette provenance il ouvre une profondeur, à partir de laquelle un regard peut nous arriver d'ailleurs – un regard

2. Cf. Sylvie Brunel, *La faim dans le monde. Comprendre pour agir*, Paris, Presses Universitaires de France, 1999. « L'un des faits les plus remarquables de la terrible histoire de la faim, c'est qu'il n'y a jamais eu de famine grave dans aucun pays doté d'une forme démocratique de gouvernement et possédant une presse relativement libre » (Amartya Sen, *El Pais*, Madrid, 16 octobre 1998). Voir d'autre part François de Bernard, *La pauvreté durable*, suivi de : *Le gouvernement de la pauvreté*, Paris, Éditions du Félin, 2002.

plus ancien et plus lointain que le nôtre, sur lequel il vient, pèse et qu'il contredit; le visage comme tel m'adresse un regard, qui exerce d'emblée comme un appel et un commandement[3]. »

Mais le visage n'est souvent que l'occasion de représenter autre chose, réduisant la beauté féminine, par exemple, à celle d'un objet plutôt que d'un sujet : avilissement grave, puisque la femme n'est alors plus considérée pour elle-même, mais en fonction de l'homme ou d'un marché quelconque. Ou la réduisant au statut de l'idole. Or « l'idole fascine, et captive le regard, précisément parce qu'en elle il ne se trouve rien qui ne se doive exposer au regard, l'attirer, le combler, le retenir ». Elle « masque d'autant mieux l'invisible qu'elle se marque de plus de visibilité[4] ».

D'autres illustrations de fausses beautés abondent en musique, comme l'a bien marqué Pascal Quignard, dans *La haine de la musique*, faisant état de l'usage qu'on fit à Auschwitz d'une certaine musique dans l'exécution de millions d'êtres humains,

---

3. Jean-Luc Marion, *Le phénomène érotique*, Paris, Grasset, 2003, p. 258-259.
4. Jean-Luc Marion, *Dieu sans l'être*, Paris, Presses Universitaires de France, coll. « Quadrige », 1991, p. 18, p. 41. Cf., du même auteur, *L'idole et la distance*, Paris, Grasset, 1977.

de la violence que certaines formes de musique peuvent engendrer ou favoriser, à un degré croissant d'ailleurs, et de leur « violence propre, originaire » qui pourtant aujourd'hui nous assaille, à la ville comme à la campagne. Il faut être bien naïf ou de mauvaise foi, pour ne pas voir à quel point, comme l'écrit Michael Prowse, les modes sociales sont plus que jamais, médias aidant, absorbées comme par des éponges ; certaines musiques, qui ont fortement contribué à susciter des assassinats de jeunes, se comparent à de la strychnine – absorbée, là encore, par des éponges[5].

2 – Pourquoi aimons-nous tant la beauté ?

La question fondamentale est cependant la suivante. Pourquoi aimons-nous tant la beauté, sous une forme ou une autre ?

---

5. Cf. Pascal Quignard, *La haine de la musique*, Paris, Calmann-Lévy, 1996 ; Gallimard, coll. « Folio », p. 197-285 ; et Michael Prowse, « Idols should take Rap for a Violent Society », dans *Financial Times*, 12 juin 2003 ; nous en avons parlé plus longuement dans notre livre, *La nouvelle ignorance et le problème de la culture*, Paris, Presses Universitaires de France, 2000, p. 148-150.

Pourquoi le feu fascine-t-il ? L'éclair que l'on voit dans la nuit, demandait Plotin, pourquoi est-il beau ? D'où nous vient l'admiration devant certains visages burinés par le temps, ou un regard d'enfant ? Pourquoi retourne-t-on sans cesse voir le même chef-d'œuvre, émerveillé chaque fois davantage, si bien que sa beauté « croît » ? Peut-on prétendre ignorer tout de l'éblouissement de la beauté intelligible, comme celle des mathématiques, où d'aucuns trouvent, avec Russell, la « beauté suprême, beauté froide et austère (...) sublimement pure » ? Nous admirons la beauté d'actions généreuses ou héroïques, voire tout simplement justes. Sans parler de la lumière irréductible qu'il nous arrive de rechercher par-delà ce « visage énigmatique, clos par l'évidence même de la beauté, visage encore scellé », qui surgit de partout. Pourquoi donc, malgré d'innombrables divergences de nature et de goût, tout être humain est-il attiré par le beau et s'écarte de ce qui lui semble laid, pourquoi sommes-nous ainsi faits ? Pourquoi est-ce la beauté qui, dit Platon, « attire le plus l'amour (*erasmiôtaton*) », pourquoi, selon le mot de Rilke, « le Beau n'est-il rien autre que le commencement de terrible, qu'à peine à ce degré nous pouvons supporter encore », au point de suggérer « que nous n'habitons pas vraiment chez nous, dans le monde interprété[6] » ? Comment comprendre ces propos d'Alain : « La beauté souveraine n'existe nullement en image. Et le grand poète, si connu, si familier en ses préparations, étonne toujours par le trait sublime, qui n'existe qu'un moment par la voix, et ne laisse point de sillage. Ainsi le printemps ne parle jamais qu'une fois ; plusieurs fois, c'est toujours une fois. L'oreille n'est nullement préparée, ni habituée. Comme la cathédrale, au tournant de la rue, étonne toujours et toujours de la même manière ; ou plutôt, il n'y a point de manière, mais une chose infatigable et un sentiment neuf. Ainsi le miracle du rossignol sonne comme Virgile. La beauté n'est jamais connue[7]. »

---

6. Cf., respectivement, Plotin, *Ennéades*, I, 6, 1 ; John Keats, *Endymion*, 1-2 : « A thing of beauty is a joy for ever : / Its loveliness increases » ; Bertrand Russell, *Mysticism and Logic* (1917), New York, Doubleday, p. 57 (comparer Aristote, *Métaphysique*, M, 3, 1978 a 31-1078 b 5) ; Olivier Clément, *Questions sur l'homme*, Paris, Stock, 1972, p. 185 sq. ; Platon, *Phèdre*, 150 d 8 ; Rainer Maria Rilke, *Première Élégie de Duino*, trad. A. Guerne, Paris, Seuil, 1972, p. 9. Voir Jean-François de Raymond, « La beauté morale », dans *Laval théologique et philosophique*, 56, 3 (octobre 2000), p. 425.
7. Alain, *Le rossignol*, dans *Propos I*, Paris, Gallimard, coll. « Bibliothèque de la Pléiade », 1956, p. 262-263.

3 – « L'énigme de la visibilité »

On voit apparaître, dans un contexte ironique, une première définition du beau dans l'*Hippias Majeur* (attribué à Platon), reprise ensuite par Plotin : le beau est « ce qui plaît à la vue et à l'ouïe[8] ». Qui refuserait que le beau soit au moins cela ? Dans la réflexion sur le beau au cours de l'histoire, l'insistance sur la vue et, accessoirement, sur l'ouïe, sera constante[9]. On ne juge jamais « belles », à proprement parler, les réalités perçues par l'odorat, le toucher, le goût. Certes, voir, entendre ont d'autres significations – nous parlons des yeux de l'intelligence, des yeux du cœur, d'avoir « des oreilles pour entendre ». Mais d'où vient à la vue et à l'ouïe ce privilège ?

On constate d'emblée que, parmi nos sens, la vue et l'ouïe nous apportent le plus de connaissance du « réel », ainsi que le

---

8. Platon, *Hippias Majeur*, 297 a 5 sq. (cf. *Philèbe*, 51 a-b) ; Plotin, *loc. cit.*
9. Ainsi Descartes : « (…) sinon que le mot de *beau* semble plus particulièrement se rapporter au sens de la vue » (*Lettre à Mersenne*, 18 mars 1630) ; « mais nous appelons beau ou laid ce qui nous est ainsi représenté par nos sens extérieurs, principalement par celui de la vue, lequel seul est plus considéré que tous les autres » (*Les Passions de l'âme*, art. 85).

relevait déjà Héraclite[10]. En dehors même de leur utilité, les perceptions sensibles, précise Aristote, « nous plaisent par elles-mêmes, et, plus que toutes les autres, les sensations visuelles ». Non seulement pour agir, mais même lorsque nous ne nous proposons aucune action, nous préférons la vue au reste[11]. Nous aimons, en somme, voir pour voir – une époque aussi visuelle que la nôtre serait malvenue de le nier. On dit bien tenir à quelque chose « comme à la prunelle de ses yeux ». Que la musique manifeste, comme nous le verrons, combien est intime le lien entre le son et la vie émotive, et que le lien de la parole au son mette en relief, de surcroît, le rôle capital de l'ouïe dans la vie de l'intelligence – au point qu'on puisse parler de l'écoute, de la « résonance » même du silence[12] –, voilà

---

10. Cf. H. Diels et W. Kranz, *Die Fragmente der Vorsokratiker,* 22 B 55: « J'honore de préférence tout ce dont il y a vue, ouïe, apprendre par expérience » (traduction inspirée de celle de Marcel Conche et de ses commentaires, dans Héraclite, *Fragments,* Paris, Presses Universitaires de France, coll. « Épiméthée », 1986, p. 264-265).
11. Aristote, *Métaphysique,* A, 1, 980 a 21-26, trad. Tricot modifiée.
12. Cf. Martin Heidegger, *Acheminements vers la parole,* trad. J. Beaufret, W. Brokmeier, F. Fédier, Paris, Gallimard, 1976, p. 34.

qui témoigne assez de la proximité étonnante entre l'oreille, la vie affective et la vie de l'intelligence. Il n'empêche qu'au strict niveau sensoriel la vue atteint tous les corps non seulement en leurs couleurs mais aussi en leurs figures, dimensions, mouvements et nombres, là où l'ouïe doit se contenter des qualités sonores.

Cette faculté d'atteindre les choses mêmes, en certaines de leurs qualités constitutives, en leurs propriétés communes et leurs aspects quantitatifs, la vue la partage avec le plus fondamental de nos sens, le toucher. On le devine, peu de contrastes sont aussi riches en enseignements que celui qui oppose le toucher et la vue, dont la polarité illustre le plus fidèlement notre condition réelle à l'égard de la connaissance – sa pauvreté relative comme sa grandeur. Car connaître, c'est avant tout, pour nous, *voir.* Nous ne disons pas, observait Augustin, « écoute comme cela étincelle », ni « sens comme cela brille », ni « goûte comme cela resplendit », ni « touche comme cela éclate ». C'est le mot *voir* qui convient pour toutes ces impressions, et même nous disons non seulement : « Vois quelle lumière ! » (ce que les yeux seuls peuvent faire), mais encore : « Vois quel son, vois quelle odeur, vois quelle saveur, vois quelle dureté ». Pour autant qu'ils « explorent quelque objet pour le connaître », nous disons des autres sens qu'ils « voient[13] ». Si l'expérience des autres sens est ainsi rapprochée de la vision, c'est que cette dernière a vraiment, pour nous, valeur de paradigme. Ce qui suggère que les traits essentiels de la vision puissent bien révéler, pour peu qu'on y soit attentif, ceux du connaître humain en sa forme idéale.

« L'œil, écrit Rilke, par qui la beauté de l'univers est révélée à notre contemplation, est d'une telle excellence que quiconque se résignerait à sa perte se priverait de connaître toutes les œuvres de la nature dont la vue fait demeurer l'âme contente dans la prison du corps, grâce aux yeux qui lui représentent l'infinie variété de la création : qui les perd abandonne cette âme dans une obscure prison où cesse toute espérance de revoir le soleil, lumière de l'univers[14] ». Merleau-Ponty, qui cite cette belle page de Rilke, renchérit : « Il faut prendre à la lettre ce que nous enseigne la vision : que par elle nous touchons le soleil, les étoiles, nous sommes en même temps partout, aussi près des lointains que des choses proches (...). Elle seule

13. Cf. saint Augustin, *Confessions*, X, 35, 54.

14. Rilke, *Auguste Rodin*, Paris, 1928, p. 150 ; cité par Maurice Merleau-Ponty, *L'œil et l'esprit*, Paris, Gallimard, 1964, p. 82-83.

nous apprend que des êtres différents, “extérieurs”, étrangers l’un à l’autre, sont pourtant absolument *ensemble*, la “simultanéité” – mystère que les psychologues manient comme les enfants des explosifs[15]. »

Le maître mot de la vision, c’est la clarté, la saisie des différences. D’un coup, l’œil embrasse un espace immense, y discernant à la fois couleurs, lignes, contours, dimensions, nombres, mouvements, physionomies, une multitude de choses diverses et, les rapportant les unes aux autres, les perçoit ensemble. Non moins expressif que le grec *kosmos* (à la fois ordre, resplendissement, monde), le mot « univers » (étymologiquement « tourné tout entier d’un seul élan vers ») traduit cette saisie simultanée, mais distincte, d’une pluralité au sein d’une unité, cette séparation dans l’union que nous nommons « vision claire ». Rien ne permet d’identifier les choses et de les distinguer les unes des autres avec autant d’exactitude que leur figure ; et si celle-ci est accessible au toucher, elle est perceptible à l’œil avec une précision beaucoup plus grande. Ainsi, la splendeur de l’univers nous est bel et bien dévoilée en l’œil.

---

15. Maurice Merleau-Ponty, *L’œil et l’esprit*, p. 83.

Wittgenstein écrivait, dans ses *Carnets* : « Le miracle, esthétiquement parlant, c'est qu'il y ait un monde. Que ce qui est soit[16]. » Or, les arts plastiques témoignent de la merveille proprement inépuisable du simple monde visible. Ainsi le peintre célèbre-t-il ce que Merleau-Ponty appelait « l'énigme de la visibilité ». Il vit dans la fascination. « L'idée d'une peinture universelle, d'une totalisation de la peinture, d'une peinture toute réalisée est dépourvue de sens. Durerait-il des millions d'années encore, le monde, pour les peintres, s'il en reste, sera encore à peindre, il finira sans avoir été achevé. » Il y a une clarté, saisissante et insaisissable, du monde visible, qui émeut l'artiste, qu'il découvre et qu'inlassablement il recrée et « *rend visible* ». Cette clarté n'est pas une possession définitive de l'objet. Tout au contraire, la vision « est elle-même question[17] ». Le

16. Ludwig Wittgenstein, *Carnets 1914-1916*, trad. Gilles Granger, Paris, Gallimard, 1971, p. 159 ; le texte se lit : « Das kunstlerische Wunder ist, dass es die Welt gibt. Dass es das gibt, was es gibt » ; d'après *Notebooks 1914-1916*, éd. G. H. von Wright et G. E. M. Anscombe, Blackwell, Oxford, 1977, p. 86.
17. Maurice Merleau-Ponty, *L'œil et l'esprit*, p. 26, 31, 90, 74, 59 sq.

mystère du visible n'est pas moins grand que sa révélation.

À quoi s'ajoute l'art qui abstrait et détache de l'univers pour mieux faire éprouver la vie, la subjectivité, comme l'a bien montré Michel Henry : « Kandinsky a fait la découverte de l'abstraction : la découverte de cette vie invisible partout répandue sous l'enveloppe des choses et les soutenant dans l'être. » Et « si l'on réfléchit une dernière fois aux moyens de la peinture, on voit que c'est justement d'être détachés de l'univers, du contexte objectif d'un paysage, par exemple, que couleurs et graphismes tirent leur puissance envoûtante. Et cette puissance, c'est précisément leur subjectivité[18] ».

Si le mot « voir » s'applique déjà aux autres sens que la vue, il s'emploie autant, de façon analogique, pour les activités plus élevées et plus intérieures de l'intelligence et du cœur. Quand on dit : « Je vois », à la suite d'une explication, ce n'est pas à l'œil du corps que l'on pense. « Ce que la vue est au corps, l'intellect (*noûs*) l'est à l'âme[19]. » Mais que veut dire « intellect » ou « intelligence » ? L'étymologie

---

18. Michel Henry, *Voir l'invisible*, Paris, Éditions François Bourin, 1988, p. 229, 231.
19. Aristote, *Éthique à Nicomaque*, I, 4, 1096 b 28-29 (trad. Tricot).

posait autrefois *intelligere* : *intus legere*, « lire à l'intérieur ». Les linguistes préfèrent aujourd'hui *inter – legere*, « cueillir, rassembler, ou trier, parmi », et donc, « lire ». Or, que fait celui qui lit ? L'intellection, écrit Augustin, est comme une lecture, *qui autem intellegit quasi legit* : « Lorsque vous voyez une page d'écriture, si vous ne savez pas lire vous dites : "Qu'y a-t-il d'écrit là ?" Vous voyez déjà quelque chose et vous demandez encore ce qu'il y a. Celui à qui vous demandez l'intelligence de ce que vous avez vu, vous montrera autre chose. Il a d'autres yeux que les vôtres[20]. » Que font ces autres yeux ? Ils reconnaissent un ordre qui a été mis là pour eux et qui n'est que mystère aux yeux de qui n'a pas appris à le voir. Cette reconnaissance suppose la capacité de discerner à travers le divers l'unité qui donne sens. « Cela se fait de cette façon que nous rassemblons les lettres. Sans un tel rassemblement, c'est-à-dire sans la récolte (*die Lese*) au sens de moisson et de vendange, nous ne serions jamais capable de lire (*lesen*) un seul mot, même par une observation rigoureuse des caractères[21]. »

20. Saint Augustin, *In Joannis Evangelium*, tract. XXIV, 2, P.L. 35, 1593. Cf. *Sermon 98*, P.L. 38, 592.

21. Martin Heidegger, *Qu'appelle-t-on penser ?*, trad. A. Becker et G. Granel, Paris, Presses Universitaires de France, 1959, p. 192.

Le propre de l'intelligence est de manifester et, comme l'œil, de faire voir. C'est elle qui voit cet ordre, dans et par-delà le sensible, que la vue ne voit pas plus que l'œil qui ne sait pas lire ne sait déchiffrer le sens de la disposition des signes. Grâce à elle, une immensité nouvelle se découvre. La profusion des arts, des sciences, des cultures même, n'en donne qu'un aperçu. Parmi les êtres de cet univers, il n'est pas de vue plus perçante que la sienne, et sa lecture des choses visibles ne peut s'y confiner. Car de même qu'un œil sain cherche la lumière, s'y retrouve chez soi et s'y réjouit, ainsi l'intelligence valide est-elle sans cesse en quête d'une transparence, intelligible cette fois, intérieure et par conséquent spirituelle, dont la lumière du jour n'offre encore qu'une faible image.

4 – Beauté de la parole

Or, ce qui témoigne avant tout de l'intelligence, c'est la parole; il faut admirer la lumière de la parole, d'autant plus précieuse qu'on y peut trouver ce que l'âme conçoit, y compris les réalités intelligibles les plus profondes. C'est vraiment en pénétrant à l'intérieur des choses sur lesquelles se porte son regard que l'intelligence y reconnaît ce qu'elles sont, y discernant, à mesure qu'elle avance, les déterminations intelligibles qui les fondent, la première étant l'être. « Qu'*est*-ce ? » « Pourquoi *est*-ce ainsi ? », telles sont les questions, Socrate l'a montré, qui ébranlent l'ordre apparent des choses, mais définissent l'art de penser. Ce que cachent les aspects sensibles, ce que recèlent les significations d'un discours, toute la virtualité d'un principe, aussi inapparente qu'un arbre dans la semence, la cause invisible d'un effet visible – tout cela reste imperméable aux sens cantonnés dans l'extériorité. Mais, en lisant au-dedans des choses, notre intelligence forme des paroles intérieures. Elle *conçoit* – le mot n'est pas trop fort : ce que vous dites était là en vous avant que vous ne l'extériorisiez, et s'y est formé comme l'enfant dans le sein de sa mère, ou alors, ce n'est pas un *dire.* Le perroquet ne *dit* rien parce qu'il n'a rien à dire. La parole extérieure se veut toujours le signe d'une parole intérieure produite par une intelligence : plus celle-ci est lumineuse, plus la parole pourra l'être.

Si Socrate interrogeait les hommes en leur posant la question « qu'est-ce ? », c'est qu'il se rendait compte que renoncer à discuter le dire des hommes, c'était abandonner « l'accès le plus sûr vers la réalité ». « L'être des choses, leur *quid* se révèle d'abord non pas dans ce que nous en voyons, mais dans ce que l'on en dit, les opinions qui circulent sur elles[22]. » La parole extérieure étant à la fois sensible et l'expression de la pensée humaine, elle demeure un moyen de « rendre visible » le pur intelligible, ou, mieux, d'y conduire. C'est au langage que l'intelligence se confie. Il est donc juste de dire avec Hegel : « C'est dans les mots que nous pensons », ou avec Platon : « Pensée (*dianoia*) et discours (*logos*), c'est la même chose, sauf que c'est le dialogue intérieur et silencieux de l'âme avec elle-même que nous avons appelé de ce nom de pensée[23]. »

5 – Amour et beauté

Mais revenons à la question que nous posions sur l'amour de la beauté. Le texte le plus lumineux de la tradition à cet égard est le *Phèdre* de Platon, et plus précisément le second discours de Socrate dans ce dialogue, où il est dit que les meilleures choses nous viennent sous forme d'inspirations ou de « délires » divins (*theia mania*) ; il y a notamment l'inspiration poétique ; mais la quatrième forme d'entre elles, sans doute

22. Léo Strauss, *Droit naturel et histoire*, Paris, Plon, 1954, p. 138 sq.
23. G. W. F. Hegel, *Enzyklopädie* (1830), § 462 : « Es ist in Namen, dass wir denken » ; Platon, *Sophiste*, 263 e et *Théétète*, 189 e.

la plus remarquable, est celle du « délire d'amour », qui paraît « quand, à la vue de la beauté d'ici-bas, on prend des ailes au souvenir ainsi éveillé de la beauté véritable » (249 d 3-4). « Maintenant que nous sommes venus en ce monde, elle a été saisie par nous, brillante de la plus vive clarté, au moyen du sens qui, entre ceux que nous possédons, a le plus de clarté. Si, de toutes les sensations que nous procure le corps, celle qui se présente avec le plus d'acuité est effectivement la vue (*opsis*), par la vue cependant nous ne voyons pas la Pensée (*phronêsis*) (250 d 2-5) » ; ni, faut-il ajouter, aucune de ces autres réalités de grand prix pour les âmes, telles la Justice, la Sagesse (cf. 250 b 1-3) ; encore moins, ces réalités sublimes, réelles entre toutes, que sont les formes suprêmement intelligibles, comme le Bien, le Vrai, l'Un. Quelles « inimaginables amours », poursuit Platon, nous vaudrait la vue, dans le cas où il lui serait donné « que parvint jusqu'à elle (*eis opsin*) un clair simulacre (*eidôlon*) de la Pensée, pareil à ceux que nous avons de la Beauté. Mais c'est un fait que, seule, la Beauté (*kallos*) a eu cette prérogative de pouvoir être ce qui se manifeste avec le plus d'éclat (*ekphanestaton*) et ce qui le plus attire l'amour (*erasmiôtaton*) (250 d 5-8) ». Si terre à terre qu'il puisse être, l'amoureux « perd pied », il est, dit-on, « transporté »,

« en extase » (*ekstasis*) ; « hors-de-soi », il ne « s'appartient plus ». Voici la réalité transfigurée par un « coup de foudre » ; il se voit arraché à sa finitude ; l'infini et l'éternité sont on ne peut plus réels et, comme en témoignent toutes les chansons d'amour, lui montent aux lèvres. Plus il aimera, plus la vue et la présence de l'être aimé lui seront nécessaires, et, loin de s'atténuer avec le temps, l'éclat du premier jour s'approfondira bien au-delà de ce qu'on pouvait imaginer au début. L'effet de la beauté sur nous, c'est l'effet de la vue de l'être aimé sur l'amant véritable.

6 – Contemplation et curiosité

Quels en sont les éléments ? D'abord que, si elle a quelque chose d'infini, l'attirance éprouvée est tout le contraire du mauvais infini de la convoitise, notamment de « la convoitise des yeux » (*I Jean* 2, 16), la curiosité. Ici sont utiles les analyses de Heidegger, qui cite d'ailleurs le passage de saint Augustin que nous évoquions plus haut[24] : la curiosité ne s'intéresse qu'à l'aspect extérieur des choses ; elle ne cherche

24. Martin Heidegger, *Sein und Zeit*, Tübingen, Max Niemeyer Verlag, 1929, § 36, p. 170 sq. ; puis p. 346 sq. ; et saint Augustin, *Confessions*, X, 35, 54-57.

nullement à comprendre, mais seulement à voir. S'agitant et poursuivant l'excitation d'une nouveauté continuelle, c'est la possibilité constante de la distraction qui l'occupe. Elle n'a rien à voir avec l'observation et l'émerveillement. Elle ne désire pas tant savoir qu'avoir su. Jamais elle ne séjournera où que ce soit. Il est évident que le voir de la curiosité est à l'opposé de la contemplation du beau, c'est-à-dire de la *theôria*. Or cette opposition met en vive lumière, par contraste, ce qu'il y a de plus grand en l'homme : son regard. Le regard du curieux ne s'oppose pas seulement à celui de l'amant; il s'oppose également à celui de l'intelligence. Le curieux est irrémédiablement dyslexique, sans cesse à la poursuite du neuf qui est vieux aussitôt vu : il fuit et se fuit. Ce qui le caractérise, c'est l'abstrait au sens d'isolé, de séparé, d'unilatéral. On pourrait montrer que l'envahissement progressif d'un visuel médiocre ajoute, aux effets nocifs déjà relevés, celui d'émousser l'intelligence au profit de l'esprit d'abstraction, dénoncé avec raison par Gabriel Marcel, dans *Les hommes contre l'humain*, comme facteur de guerre et de « techniques d'avilissement ».

7 – Le pouvoir de conviction de l'œuvre d'art

La parole de Dostoïevski, « la beauté sauvera le monde », trouve ici une première application et s'avère la seule réaliste. Rien de plus lucide que le *Discours de Stockholm* où Soljenitsyne, pour commenter cette parole, évoque « cette ancienne trinité que composent la vérité, la bonté et la beauté », et précise « la conviction profonde qu'entraîne une vraie œuvre d'art est absolument irréfutable, et elle contraint même le cœur le plus hostile à se soumettre (...). Une œuvre d'art porte en soi sa propre confirmation[25] ». Cette force de conviction – on peut d'ailleurs penser aux œuvres de Soljenitsyne lui-même, qui précipitèrent la chute de l'empire soviétique – vient de ce qu'une telle œuvre d'art restitue, au bénéfice de notre regard, l'intégrité oubliée, ou perdue. Semblables en cela à ceux de la curiosité, nos regards étaient trop dispersés pour apercevoir la profondeur de ce qui est; une des tâches de l'artiste est de nous y réveiller. « Nos yeux à facettes sont adaptés au quantitatif, à ce qui est émietté; nous sommes devenus des analystes du monde, et aussi de

25. Alexandre Soljenitsyne, *Les droits de l'écrivain*, suivi de *Discours de Stockholm*, Paris, Seuil, 1972, p. 97.

l'âme, et ne sommes plus capables de voir une totalité[26]. » Or la beauté nous met toujours en présence d'une totalité et démasque l'esprit d'abstraction. Le beau oblige, comme le disait Félix-Antoine Savard.

8 – *Ekphanestaton kai erasmiôtaton*

Beauté et sens ne font en somme qu'un, l'essentiel de leur être étant la lumière, allant jusqu'à la splendeur. De là les vers célèbres du grand poète anglais John Keats : « Beauty is truth, truth Beauty, – that is all Ye know on earth and all ye need to know[27]. » Afin de mieux saisir cela, revenons aux éléments essentiels à la saisie authentique du beau suivant le texte déjà cité du *Phèdre.* Comment comprendre le fameux *ekphanestaton,* que Robin traduit : « ce qui se manifeste avec le plus d'éclat » (250 d 8) ? Pour l'exprimer en deux mots, à la suite d'Iris Murdoch : « La beauté est, comme dit Platon, visiblement transcendante[28]. » Nous aimons la beauté parce que, présente visiblement, elle nous fait accéder, comme en un éclair, à l'invisible.

26. Hans Urs von Balthasar, *La gloire et la Croix,* trad. R. Givord, Paris, Aubier, 1965, I, p. 22.
27. John Keats, *Ode on a Grecian Urn.*
28. Iris Murdoch, *The Fire and the Sun,* Oxford, Oxford University Press, 1977, p. 77.

Mais il y a bien plus. « La beauté, dit Heidegger, est un destin de l'être de la vérité, où la vérité signifie le dévoilement de ce qui se voile. Beau n'est pas ce qui plaît, mais ce qui tombe sous ce destin de la vérité qui se produit quand l'éternellement inapparaissant, et partant l'invisible, parvient dans le paraître le plus paraissant[29]. » Ou encore, s'agissant de l'œuvre d'art : « L'être (...) ordonne la lumière de son paraître dans l'œuvre. La lumière du paraître ordonnée en l'œuvre, c'est la beauté. *La beauté est un mode d'éclosion de la vérité*[30]. » Et Hans Urs von Balthasar : « Elle est le fond suprême et mystérieux de l'être qui transparaît à travers toutes

29. *Qu'appelle-t-on penser ?*, p. 31-32.

30. « L'origine de l'œuvre d'art », dans *Chemins qui ne mènent nulle part*, trad. W. Brokmeier, Paris, Gallimard, coll. « Idées », 1962, p. 62. Sur *ekphanestaton*, cf. « La question de la technique », dans *Essais et Conférences*, trad. A. Préau, Paris, Gallimard, 1958, p. 47 ; et *Nietzsche I*, trad. P. Klossowski, Paris, Gallimard, 1971, p. 153, et *passim*. Voir en outre la magnifique conclusion de l'ouvrage de Hans-Georg Gadamer, *Vérité et méthode*, trad. Étienne Sacre, revue et complétée par Pierre Fruchon, Jean Grondin et Gilbert Merlio, Paris, Seuil, 1996, p. 503-516, dans laquelle ce texte du *Phèdre* de Platon occupe une place centrale.

les apparitions. D'une manière plus précise, elle est tout d'abord la manifestation immédiate de cet excédent irréductible qu'on découvre en tout ce qui est révélé, de cet éternel surcroît qui habite l'être de tout existant. Ce qui éveille la joie esthétique, ce n'est pas seulement la correspondance entre l'essence et l'apparition, mais la certitude absolument incompréhensible que l'essence apparaît réellement dans l'apparition (qui pourtant n'est pas l'essence), et qu'elle y apparaît comme un être qui est éternellement plus que lui-même, donc qui n'est pas susceptible d'une apparition définitive. Mais c'est précisément cette absence d'apparition qui apparaît. C'est le comparatif éternel qui s'exprime dans le positif[31]. »

On voit se déployer, dans ces textes, divers éléments des définitions classiques de la beauté : splendeur du vrai, splendeur de l'être, splendeur de la forme, splendeur de l'ordre. Le lien entre les transcendantaux, entre l'être, le bien, le vrai, l'un et la beauté, est expressément affirmé. Ce qui est propre à la beauté est cependant qu'elle est lumière, rayonnement, clarté, apparaître – mais apparaître éclatant de

31. Hans Urs von Balthasar, *Phénoménologie de la vérité*, trad. R. Givord, Paris, Beauchesne, 1952, p. 212-213.

l'insondable, qu'on croyait le plus distant et qui nous surprend, causant dès lors une joie indicible. D'où le mot cher à Platon, *exaiphnês,* « soudain », comme l'étincelle ; l'évidence soudaine de la présence, en ce que je vois, de la plus inouïe profondeur, laquelle ne passera pas, même si ma vision en est appelée à s'évanouir ; comme si, dans un excès de générosité, transparaissait l'invisibilité même de l'invisible, son inaccessibilité rendue un instant accessible. La beauté est éclat visible et intelligible à la fois : c'est pourquoi elle s'impose comme la vérité.

Les arts nous éveillent à nous-mêmes en contribuant de manière indispensable à l'épanouissement de l'affectivité, le beau, ce « génie amical que nous rencontrons partout » (Hegel), ayant aussi, plus que toute chose, le pouvoir de faire aimer, comme nous venons de voir. Il est appel de l'esprit à s'éveiller à l'esprit. L'artiste semble s'abandonner à cet appel qui lui vient d'un point qui se trouve au-delà de lui-même. La culture est éveil au *logos,* éveil à « cette réalité que nous risquerions fort de mourir sans avoir connue, et qui est tout simplement notre vie » – comme l'a magnifiquement dit Proust – au lieu des « nomenclatures », des « buts pratiques que nous appelons faussement la vie », qu'« amassent au-dessus de nos impressions vraies, pour nous les cacher entièrement », l'amour-propre, la passion, l'esprit d'imitation, l'intelligence abstraite, les habitudes. « Par l'art seulement nous pouvons sortir de nous, savoir ce que voit un autre de cet univers qui n'est pas le même que le nôtre et dont les paysages nous seraient restés aussi inconnus que ceux qu'il peut y avoir dans la lune. Grâce à l'art, au lieu de voir un seul monde, le nôtre, nous le voyons se multiplier, et, autant qu'il y a d'artistes originaux, autant nous avons de mondes à notre disposition, plus différents les uns des autres que ceux qui roulent dans l'infini et, bien des siècles après qu'est éteint le foyer dont il émanait, qu'il s'appelât Rembrandt ou Ver Meer, nous envoient encore leur rayon spécial[32]. »

9 – De la musique avant toute chose

L'art par excellence ne serait-il pas cependant la musique ? Nous disions que le beau

---

32. Hegel, *Esthétique*, trad. S. Jankélévitch, Paris, Flammarion, coll. « Champs », 1979, vol. 1, p. 11 et p. 29 sq. ; Héraclite dans DK 22 B 1 et 2 ; chez Marcel Conche, Héraclite, *Fragments,* fr. 2 et 7 ; Marcel Proust, « Le temps retrouvé », dans *À la recherche du temps perdu,* III, Paris, Robert Laffont, 1987, p. 725.

est aussi ce qui plaît à l'oreille. Toutefois ici encore, il y a bien plus.

Que certains des traits les plus profonds de la subjectivité humaine ne soient portés au jour que par la musique, que cette même subjectivité soit elle-même émue avant tout par la musique, et d'autre part profondément marquée, *formée* par elle, se comprend sans peine dès qu'on a pris conscience du degré d'intimité, d'immanence à soi, que nous vaut notre affectivité, et du caractère profondément dynamique de cette dernière. On comprend que la musique ait pu être déclarée « le mystère suprême des sciences de l'homme » (Claude Lévi-Strauss), quand on a entrevu à quel point notre vie affective lui ressemble.

On est en effet frappé par l'immédiateté de la musique, par son caractère « existentiel ». « Par une irruption massive la musique s'installe dans notre intimité et semble y élire domicile », écrivait Vladimir Jankélévitch, faisant écho au propos de Platon, dans la *République* (410 d) : « (...) elle pénètre à l'intérieur de l'âme et s'empare d'elle de la façon la plus énergique. » La culture musicale est d'une excellence d'autant plus souveraine qu'elle fait l'économie de la représentation. Schopenhauer observait avec profondeur que la musique « est l'expression directe de la volonté elle-même. De là provient l'action immédiate exercée par elle sur la volonté, c'est-à-dire sur les sentiments, les passions et les émotions de l'auditeur, qu'elle n'a pas de peine à exalter et à transformer ». Selon Hegel, sa tâche est de faire résonner « la manière dont le Soi le plus intérieur est mû en lui-même (...). Ce qu'elle sollicite est l'ultime intériorité subjective comme telle ; elle est l'art de l'être intime qui s'adresse immédiatement à l'être intime lui-même[33] ».

Au moins deux manifestations de l'intériorité sont évidentes : d'abord la signification intelligible des choses que nous « saisissons », non pas sur la table au moyen de nos mains, mais en nous. « Ah, je vois ! », disons-nous, lorsqu'on nous explique quelque chose. Grâce à quoi voyons-nous? Évidemment pas avec les yeux du corps. La seconde façon consiste

---

33. Vladimir Jankélévitch, *La musique et l'ineffable*, Paris, Seuil, 1983, p. 7 ; Arthur Schopenhauer, *Le monde comme volonté et comme représentation*, Supplément au livre troisième, ch. XXXIX, trad. A. Bureau, revue et corrigée par Richard Roos, Paris, Presses Universitaires de France, 1966, 1978, p. 1189. G. W. F. Hegel, *Cours d'esthétique* I-III (éd. Hotho), trad. Jean-Pierre Lefebvre et Veronika von Schenck, Paris, Aubier, 1995-1997, vol. III, p. 123.

à exprimer des réalités en les faisant *vivre* dans l'âme. Non plus abstraitement, en des universaux comme ceux de la pensée, mais concrètement, reproduisant leur temporalité propre. Les émotions ne sont pas statiques, elles sont des mouvements, des « motions ». Le meilleur « traité » des passions est à cet égard la musique – « the music of men's lives », « la musique des vies humaines » (*Richard II*, V, 5, 44). Tristesse, douleurs, angoisses, soucis ; sérénité, joie, allégresse, adoration, prière, amour ; tous ces mouvements de l'âme renaissent en nous grâce à elle, avec d'infinies nuances ; ces dimensions essentielles de notre être intime nous sont en quelque sorte révélées en leur vie même. Chaque modalité affective s'y exprime d'une manière originale, elle éclaire le rapport obscur de la subjectivité à elle-même en y découvrant les configurations variées de sa présence à elle-même, la gamme et le registre de l'affectivité. Épanchement libre de la passion et de l'imagination qui élève l'âme, en lui permettant de se distancer d'elle-même pour mieux saisir son être le plus profond, en son dynamisme même, la musique est on ne peut plus essentielle à la connaissance de soi.

Le mot *mousikê* évoque le festival des Muses dans la mythologie grecque, signifiant l'inspiration de tous les arts, tous conviés à la célébration, spécialement le chant poétique. Par tous les arts, mais d'abord par la musique, l'être humain chante l'acceptation amoureuse de la splendeur du monde, de la grâce du don de beauté. La fête, la jubilation, la supplication, l'indicible, l'amour trouvent en elle une expression qu'ils ne sauraient trouver ailleurs – *cantare amantis est* (saint Augustin) ; « if music be the food of love, play on ; / Give me excess of it (...) » (*Twelfth Night,* I, 1, 1-2).

Peu ont su avec autant de profondeur que Hegel expliquer l'impact sur nous de la musique, grâce à l'ouïe, notre sens le plus sublime à son avis. Il y a en nous à tout instant une vie latente des sons. Le fait central à prendre en compte est que le son s'anéantit aussitôt après avoir surgi. Il fournit ainsi à la musique les matériaux qui lui permettront de manifester la subjectivité intérieure, l'intériorité pure. Les arts plastiques (la peinture, par exemple) laissent leur mode d'expression extérieur « subsister en toute liberté et indépendance ». Le tableau que je contemple est pour ainsi dire dehors, totalement distinct de moi (ce qui ne s'applique toutefois pas de la même manière au cas de la peinture « abstraite »). L'extériorisation de la musique n'aboutit point, en revanche, à une objectivité permanente dans l'espace : la musique « n'est portée que par l'intériorité subjective et n'existe que pour elle et par elle ». L'extériorisation ici disparaît aussitôt apparue. Dès que l'oreille a perçu le son, il s'éteint; « l'impression produite par lui s'intériorise aussitôt; les sons ne trouvent leur écho qu'au plus profond de l'âme, atteinte et remuée dans sa subjectivité idéelle ».

L'âme « est habituée à vivre dans l'intériorité et la profondeur insondable des sentiments ». L'expression musicale ayant pour contenu « l'intériorité elle-même, le fond et le sens les plus intimes de la chose et du sentiment, du fait aussi qu'au lieu de procéder à la formation de figures spatiales, elle a pour élément le son périssable et évanescent, elle communique ses mouvements au siège le plus profond de la vie de l'âme. Elle s'empare aussi de la conscience qui ne s'oppose plus à aucun objet et qui, ayant perdu sa liberté, se laisse emporter par le flot irrésistible des sons ». Aussi, « la puissance de la musique est une puissance *élémentaire*, en ce sens qu'elle réside dans l'élément même dans lequel cet art évolue, c'est-à-dire dans le son ». L'instrument le plus libre et, par sa sonorité, le plus parfait, reste la voix humaine, qui « réunit les propriétés de tous les instruments ». Mais surtout elle « se laisse percevoir comme la résonance de l'âme elle-même », au point que « dans le chant c'est à travers son propre corps que l'âme retentit[34] ». Paul Ricœur ajoute aujourd'hui : « Lorsque nous écoutons telle musique, nous entrons dans une région de l'âme qui ne peut être explorée autrement que par l'audition de *cette* pièce. Chaque œuvre est authentiquement une modalité d'âme, une modulation d'âme[35]. »

George Steiner va plus loin encore : « La musique *signifie*. Elle regorge de significations qui ne sauraient se traduire dans des structures logiques ni dans des mots. » Mais que signifie-t-elle ? Une énergie « tangible » que la logique et la parole ne peuvent exprimer », une source et une fin qui « dépassent l'entendement humain », une « logique du sens différente de celle de la raison ». Elle est affaire de joie, de tristesse aussi, d'amour surtout. « La musique met notre être d'homme ou de femme en contact avec ce qui transcende le dicible, ce qui dépasse l'analysable (...). Les sens du sens de la musique sont transcendants. » Il n'y a pas à s'étonner que « pour

---

34. Nous citons cette fois des extraits de la traduction de S. Jankélévitch, dans G. W. F. Hegel, *Esthétique, tome III, 1re Partie*, Paris, Aubier, 1944, p. 307-330.

35. Paul Ricœur, *La critique et la conviction. Entretien avec François Azouvi et Marc de Launay*, Paris, Calmann-Lévy, 1995, p. 261-262.

de nombreux êtres humains, la religion est devenue la musique en laquelle ils croient. Dans les extases du pop et du rock, ce rapport est aigu[36] ».

En d'autres termes, comme la poésie, la musique éveille en nous la nostalgie d'absolu qui a inspiré à Baudelaire ces lignes impérissables : « C'est cet admirable, cet immortel instinct du Beau qui nous fait considérer la Terre et ses spectacles comme un aperçu, comme une *correspondance* du Ciel. La soif insatiable de tout ce qui est au-delà et que révèle la vie, est la preuve la plus vivante de notre immortalité. C'est à la fois par la poésie et *à travers* la poésie, par et *à travers* la musique, que l'âme entrevoit les splendeurs situées derrière le tombeau; et quand un poème exquis amène les larmes au bord des yeux, ces larmes ne sont pas la preuve d'un excès de jouissance, elles sont bien plutôt le témoignage d'une mélancolie irritée, d'une postulation des nerfs, d'une nature exilée dans l'imparfait et qui voudrait s'emparer immédiatement, en cette terre même, d'un paradis révélé. Ainsi le principe de la poésie est, strictement et simplement, l'aspiration humaine vers

36. George Steiner, *Réelles présences. Les arts du sens*, trad. Michel R. de Pauw, Paris, Gallimard, 1991, p. 258-260.

une Beauté supérieure, et la manifestation de ce principe est dans un enthousiasme, un enlèvement de l'âme (...)[37]. »

En un mot, la musique est médiatrice de sens pour autant qu'elle est, dans son déploiement même, mouvement vers du sens. Un sens toujours imminent qui jamais ne se révèle pleinement. Pour Borges, « tous les arts aspirent à la condition de la musique. La musique, les états de félicité, la mythologie, les visages travaillés par le temps, certains crépuscules et certains lieux veulent nous dire quelque chose, ou nous l'ont dit, et nous n'aurions pas dû le laisser perdre, ou sont sur le point de le dire; cette imminence d'une révélation, qui ne se produit pas, c'est peut-être cela le fait esthétique[38] ».

---

37. Charles Baudelaire, *Théophile Gautier*, dans *Œuvres complètes*, Paris, Robert Laffont, coll. « Bouquins », 1980, p. 498-499; le même texte réapparaît tel quel dans ses *Notes nouvelles sur Edgar Poe*, dans *ibid.*, p. 598-599, avec des différences minimes (ainsi le mot « excitation » au lieu d'« enlèvement » de l'âme).
38. George Steiner, *Réelles présences*, p. 258, 210; Jorge Luis Borges, « La muraille et les livres », dans *Enquêtes*, trad. Paul et Sylvia Bénichou (légèrement modifiée), Paris, Gallimard, 1967, coll. « Folio », 1992, p. 18-19.

10 – *Sero te amavi*

Cette imminence d'une révélation qui ne se produit pas, le silence du prince Mychkine devant la question « Quelle beauté sauvera le monde ? », de même que celui du Christ devant la question de Pilate « Qu'est-ce que la vérité ? », quel en est le sens ?

Je pourrais répondre : « Beauté oblige », et je n'aurais pas tort, car il s'agit alors d'une beauté indicible, justement. Mais il me semble que saint Augustin y a mieux répondu encore dans ce passage si souvent cité, à juste titre, des *Confessions* :

« Sero te amavi, pulchritudo tam antiqua et tam nova, sero te amavi ! et ecce intus era et ego foris (…) »

« Bien tard je t'ai aimée, ô beauté si ancienne et si nouvelle, bien tard je t'ai aimée !

Et voici que tu étais au-dedans, et moi au-dehors et c'est là que je te cherchais, et sur la grâce de ces choses que tu as faites, pauvre disgracié, je me ruais ! Tu étais avec moi et je n'étais pas avec toi ; elles me retenaient loin de toi, ces choses qui pourtant, si elles n'existaient pas en toi, n'existeraient pas !

Tu as appelé, tu as crié et tu as brisé ma surdité ; tu as brillé, tu as resplendi et tu as dissipé ma cécité ; tu as embaumé, j'ai respiré et haletant j'aspire à toi ; j'ai goûté, et j'ai faim et j'ai soif ; tu m'as touché et je me suis enflammé pour ta paix[39]. »

39. Saint Augustin, *Confessions*, 10, 27, trad. E. Tréhorel et G. Bouissou.

TABLE DES MATIÈRES

MIXTE
Papier issu de
sources responsables
FSC® C100212

Achevé d'imprimer
en mars deux mille douze, sur les presses
de l'imprimerie Gauvin, Gatineau, Québec